知識ゼロからの
クレーム処理入門

A beginner's book of troubleshooting.
You can handle customer's complaints.

Kenshi Hirokane
弘兼憲史

(株)エンゴシステム
代表取締役
援川 聡

クレーム処理入門
幻冬舎

はじめに

近年、企業が重視していることのひとつが顧客満足です。お客様からのクレームは「貴重な情報源」と考え、「顧客満足対応」で上手に対処することによって、あらたなファンを獲得するとともに、商品の改善・開発につなげようと努力しています。

しかし、現場で実際にお客様から寄せられる苦情と向き合っていると、「貴重な情報源」ばかりとはかならずしも言えないのが現状です。顧客満足を前提とした対応マニュアルだけでは対応しきれない、困ったクレーム、悪質なクレームが増えているのです。こうしたケースには、顧客満足対応とは別の「危機管理対応」が必要になります。

本書では、担当者を悩ます困ったクレームへの対応をはじめ、クレーム対応の基本である顧客満足対応、クレームに強い組織づくり、悪質なクレームへの対応法を順次、紹介していきます。

心の準備がないまま激しい怒りをぶつけられると、頭が真っ白になってしまうものです。対応のまずさから話がこじれてしまったり、悪質なクレーマーにつかまったりするおそれもあります。クレームをさけたり、逃げたり、孤軍奮闘したりせず、前向きにクレームに応対する勇気と知恵を身につける必要があります。

十分な準備をして、最初の一撃にしっかり立ち向かうことができれば、どんな困難なクレームでも、乗り越えられます。その一助になればと考えています。

Part 1

困ったクレーム・クレーマーを乗り越える

~むずかしいクレームをケーススタディ~

もくじ

もくじ

もくじ

クレームが発生!!　あなたはどう対応している?

お客様からクレームを受けたとき、どのように応じていますか？　自分の対応を振り返ってみてください。よりスムーズな解決のために補ったほうがよい点、改善すべき点が見えてきます。左の問いに○×で答え、その理由も考えてみてください。

Q1

責任の所在がはっきりするまで、
謝罪しない

○ ×

Q2

お客様が間違っていても、
話をよく聴く

○ ×

クレームとは?

顧客、あるいはサービスの受益者が、組織に対して投げかける具体的な不満や要求のこと。もともとは「権利を主張する、要求する」という意味の英語。

Q3

自分に関係ないクレームには
かかわらないようにする　○×

Q4

早く解決するためなら、
多少の金銭供与もやむを
えない　○×

Q5

相手が暴力団関係者だっ
たら、警察に相談する　○×

Q6

クレームは悪。まったくないほうがいい　○×

←○×の正解と解説は次ページへ。

やってはいけない ダメな対応パターン

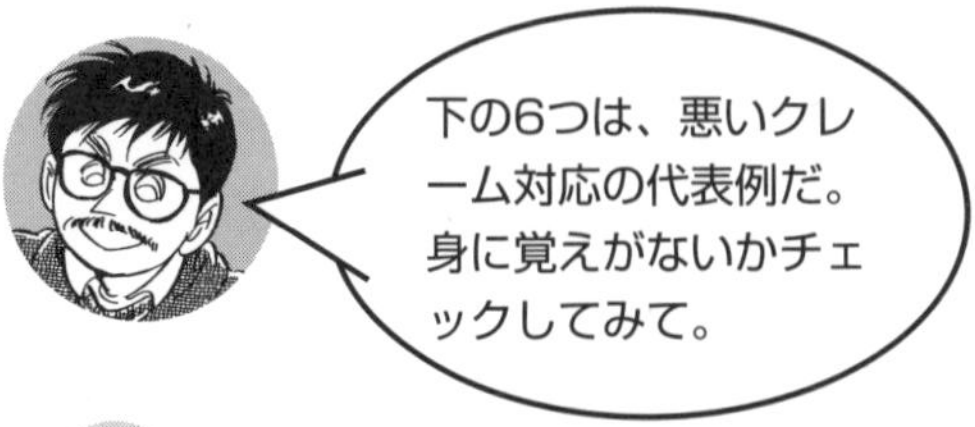
下の6つは、悪いクレーム対応の代表例だ。身に覚えがないかチェックしてみて。

逃げる

むずかしいクレームの対応をさけたり、部下に押しつけたりしてしまう（Part2へ）。

パニックになる

大声で怒鳴られて頭が真っ白になり、焦って対応。かえって問題をこじらせてしまう（Part2、5へ）。

お詫びができない

自分ではお詫びしたつもりでも、傍から見ると素直に謝罪できていない（P.80へ）。

話を聴かない

お客様が「話を聴いてくれた」と思うような聴き方ができていない（P.86へ）。

お客様にたて突く

お客様に正面からぶつかって言い負かしてしまう。クレーム対応は勝負ではない。

お客様のペースにのせられる

相手のペースにのせられ、あわて、おびえて、要求をのまされてしまう。

解　説

Q1 ×

お客様を不快にさせたことは間違いない。それに対してまず謝罪をする（P.80へ）。Part3で対応の基本を知ろう。

Q2 ○

どんな相手であっても、きちんと話を聴く姿勢を忘れない（P.86へ）。Part3で対応の基本をチェックしよう。

Q3 ×

クレームは個人ではなく組織の問題。従業員なら無関係とはいえない。Part4で組織対応を知ろう。

Q4 ×

その場しのぎの安易な解決策に頼ってはいけない（P.92へ）。すべてのお客様に公平な対応を（P.74へ）。

Q5 ○

犯罪性を帯びた悪質なクレームのときは、やりとりを記録して警察などに相談する（P.146へ）。

Q6 ×

お客様の不満は期待の裏返し。クレームをなくすよりも、きちんと受け止めて対応することが重要。Part2へ。

Part 1

困ったクレーム・クレーマーを乗り越える

～むずかしいクレームをケーススタディ～

近年、対応のむずかしいクレームが増えています。
落ち着いて対応するには
さまざまなタイプとその対応法を頭に入れておく必要があります。

タイプ分けして対処法を用意しておく

◆　困難なクレームを想定しておく

いろいろなタイプを知る

特定の態度（P.14～参照）をとるお客様には、どんな理由があって、どんな目的があるのか知っておく。すべて当てはまるわけではないが、対応方法を決める目安にはなる。

常套句と答え方を知る

悪意をもって、特定の言葉（P.36～参照）をかけるクレーマーもいる。セリフの裏に、どのような意図が隠れているのか知っておく。言葉に踊らされる心配がなくなる。

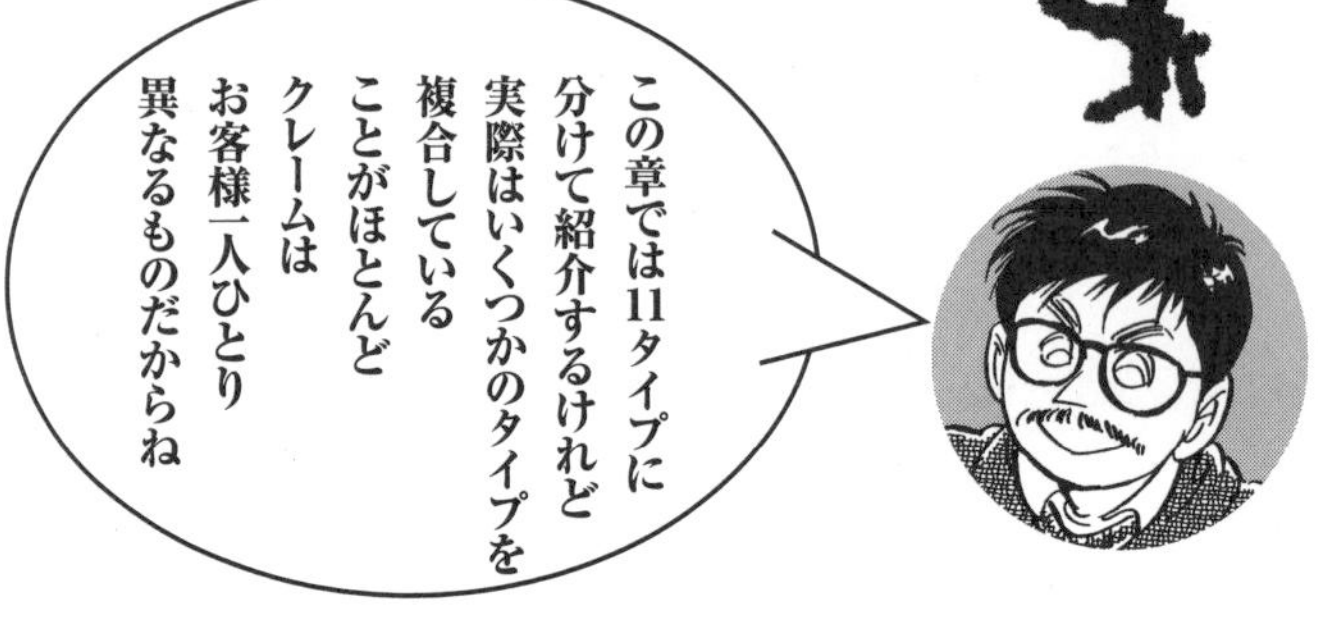
この章では11タイプに分けて紹介するけれど実際はいくつかのタイプを複合していることがほとんど
クレームはお客様一人ひとり異なるものだからね

近年、担当者を悩ますクレームが増えてきています。対応を誤ると、お客様を失ったり、お店の評判を落としたりと、負の連鎖が続くことになります。理不尽と感じても、いい加減に対処してはいけません。

むずかしいクレームに対抗するには、あらかじめ、困ったクレームをタイプ分けして、対応法を頭に入れておくことがたいせつです。相手の状況や手のうちが予測できれば、落ち着いてスムーズに初期対応がとれます。

困ったクレームでも、対応の基本は正当なクレーム（58ページ）と変わりません。誠実に対応しても収まらず、不当な要求が続くようなら、リスクマネジメント対応（１３４ページ）に切り替えましょう。

◆ 困ったクレームでも対応の基本は同じ

1 お客様の不快感に対して心からお詫びする

クレームが起きたら、先入観をもたずに、まずはお客様が訴える不快感にお詫びする。はじめに言い訳や反論をすると、お客様の不満が爆発する。

2 お客様の話をよく聴く

相手の話を聴くことで、クレームの原因や解決方法をさぐる。冷静にていねいに聴いていると、相手が悪質かどうかも判断できる。

3 お客様の名前と連絡先を記録する

どこのだれからクレームがあったのかわからない状態で、対処してはいけない。相手がわからないままでは、会社に報告もできない。

→

名前を言いたがらない相手には

「お客様にきちんと対応するために必要なことです。たいせつなことですので、どうぞお名前とご連絡先を教えてください」

対応するために必要なことで、重要なことであると伝える。

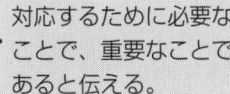

こんなクレーマーがあらわれたら……

常識知らずタイプ

当たり前のことが通じない

事例

臭い魚は食べられない？

前の日に魚を購入したお客様からクレーム電話がきました。「冷蔵庫に入れていたのににおいがおかしい。腐っているようだ」

自宅が近くでしたので、売り場の責任者とふたりで、すぐに訪問しました。そこにあったのはごく普通の魚。腐っておらず、問題もありません。どうやら、そのお客様は、お刺身以外の魚をはじめて購入したようで、魚本来の生臭さを知らなかったのです。

対応

言い負かしても解決しない。
遠慮がちにていねいな説明をする

お客様を言い負かして、間違いを認めさせても、なんの解決にもならない。無知から起こるクレームには、相手に恥をかかせないよう心配りのある対応を。

義務教育は、保護者が子どもに教育を受けさせる義務のこと。

学校には子どもを
教育する義務が
あるでしょう
義務教育なんだから…
早くなんとか
してください

相手をなごませる一言を添える

正面から間違いを指摘されると、だれでもいたたまれない気持ちになる。お客様に気まずい思いをさせないようにしたい。

お客様の話を十分に聴く

話の途中で言い返そうとせず、お客様の言い分を最後まで素直に聴く。

一言はさんでから説明する

「誠に申し上げにくいのですが、～」
「お役に立てなくて、心苦しいのですが、～」

左のような言葉を添えると、相手はあとに続く説明が聞き入れやすくなる。感情に配慮して、恥ずかしい思いをさせないように説明する。お客様が自らかんちがいに気づくような説明がベスト。

感謝の言葉や謝罪の言葉で締めくくる

「お問い合わせいただきまして、ありがとうございました」
「お客様にかんちがいをさせてしまい、恐縮しております」
「説明が行き届かず、ご迷惑をおかけしました」

問い合わせに対して感謝したり、かんちがいをさせてしまったことに謝罪をすることで、お客様の気持ちが軽くなる。

advice

「当たり前だ、常識だ」と思わない

いくら自分では常識だと思っても、まわりの人にとってもそうとはかぎりません。組織内や業界では当たり前のことでも、一般のお客様には通用しないことがあります。会社の常識が社会の非常識であることも考えられるのです。

このくらいだれでも知っているだろうという気持ちがあると、話し方にその気持ちがにじみ出たりして、お客様にも伝わってしまうもの。対応するときには、言葉のえらび方や態度に注意が必要になります。

知っていて当然という態度をとるお店側のほうこそ、お客様から常識知らずと思われている可能性だってあるのです。

こんなクレーマーがあらわれたら……

知識披露タイプ

専門知識を武器に苦情を申し立てる

事例

「もっとわかる人、いないの？」

家電製品のサポート窓口に、週に一度、まるで知識自慢のようなクレームが入ります。

実際に使っていて不具合があるというよりも、部品の細部について工場名を知りたがったり、仕組みの説明を求めたり……などをくり返す、オタク系のクレームです。

専門家でもかなわないほどの知識をもっていて、「納得のいく説明をしてください」とばかりいうので、対応したくありません。

対応

知識対決をするのは時間の無駄。同じ土俵にはあがらない

従業員とお客様は立場が違う。知識を競うのではなく、お客様の満足のためにできることを考える。素直に教えを請うことで、お客様が満足することもある。

商品知識で
太刀打ち
できないことも
プロとしては
くやしいんだが……

お客様より知識が乏しいのは残念だが、豊富な知識をもつお客様に勉強させてもらえると考える姿勢がたいせつ。お客様の指摘を前向きに捉えて、吸収するよう心がける。

知識があっても特別扱いしない

知識が豊富なお客様に対しても、知識のないお客様に対しても、差別することなく対応する。ただし、画一的な接客もよくない。

業界に精通した相手

「ご指摘ありがとうございます。会社に報告して、できるかぎりの改善をしたいと思います」

同業他社に勤めている人などの場合、専門知識を駆使してこと細かくクレームをつけることがある。不当な要求でないかぎり、ていねいにお礼を言い、善処することを伝える。

交渉術が巧みな相手

「こちらの対応は、先ほど申し上げたとおりです。これ以上の対応は、私にはとてもできません」

屁理屈や誘導尋問で交渉を有利にしようとする相手に、真っ向から立ち向かってはいけない。同意も反論もしないで、お客様の言い分を確認するにとどめておき、即答しない。

さっきは強く言いすぎてしまったかもしれないわ　だけど……
私はここのサービスが世界一だと思っているだからこそささいな気のゆるみも許せないのよ

「好きすぎて許せない」ブランドへの偏執が原因のことも

マニアックな知識があるということは、強く興味を抱いてくれている証拠。思い入れが強いぶん、ちょっとしたこともクレームになりやすい。お客様がブランドに寄せる深い愛情を十分に尊重することが対応のコツ。

上客からのクレームはとくに貴重なご意見として前向きに捉えたい

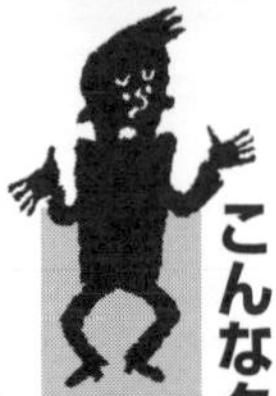

こんなクレーマーがあらわれたら……

お客様は神様タイプ

客ならなんでもアリとかんちがい

事例

客なんだから、なんでもOK？

バスツアーのコンダクターをしています。先日のツアー客の男性は、無理難題ばかり求めてきました。「料理がまずい」「観光時間が短い」などのクレームに続き、「俺を優先しろ」「盛り上げるためにストリップをしろ」など、次々と度を越した要求をしてきます。

お客様の言うことはなんでも聞くものだと思っていて、対応に疲れましたし、ほかのお客様にもご迷惑をかけてしまったと思います。

対応

顧客満足の追求はたいせつ。
ただし、理不尽な要求が続くときは
対応のしかたを変える

従業員はお客様の家来ではない。できないことはできないときちんと断わってかまわない。注意をくり返しても度を越した要求が続く場合は、警告文を出すなどの対応も。

お客様の目的を考える

- 正当な権利を求めているか？
- ストレス解消のため？
- 金銭が目的の可能性は？
- 心の病をかかえている？

ストレスのせいならうまく発散させてやりすごす、金銭目的なら不当要求に注意するなど、目的がわかると対応もしやすい。

お客様といっても
立場は対等なのに
かんちがいしている
人も多いんだ

少しずつ警戒を強める

誠実に詫び、真摯に対応し、説明しても、理不尽な要求が続く場合は、リスクマネジメント対応（P.134へ）に切り替える。

要求が度を越したら、やんわりと釘をさす

「お客様、誠に残念ですが、それは私どもにはむずかしいことです」

ていねいな対応のまま、できないことに対してはできないと伝える。こちらの考えを相手に伝えて、理解してもらう。

注意の度合いを段階的に強める

「申し訳ありませんが、これ以上続くようですと、ほかのお客様にもご迷惑になりますので、しかるべき対応をとらなくてはなりません」

断わりを入れ、こちらの考えを示したにもかかわらず、要求が続くようなら、少しずつ警告を引き上げていく。

俺の言うことが
聞けないのか！
だれだと
思っているんだ

酔っ払ったお客様の場合

一定時間話を聴いたら、連絡先を確認してお引き取りいただく。暴力をふるうなど、危険な場合は、ほかのお客様にも迷惑がかかるので、警備や警察に応援を頼む。
女性のお客様を誘導するときは、セクハラなどの誤解を生まないためにも、女性も対応に立ち会う。

翌日、こちらから電話をして、あらためて話す。酔っ払っていたことに言及して、お客様を不快にさせないよう注意する。

こんなクレーマーがあらわれたら……

ねちねち説教タイプ
指導者のようにふるまう

事例

毎週あらわれるアドバイザー

寝具売り場で接客をしています。ある日、店内のレイアウトについてお客様からアドバイスをもらいました。同業の方だったようで、いろいろ教えてくださって感謝をしていました。

ところが、それに気をよくしたのか、それから毎週売り場に来ては、あれこれ指導をしていくようになってしまいました。

ほかのお客様への対応もありますし、どうすればいいでしょうか。

対応

ありがたく受け止め、お礼の気持ちを伝える。頻繁な指導が業務の支障になっている場合は、配慮をお願いする

話をきちんと聴いて、感謝を示すことはたいせつだが、線引きが必要。
お客様の気分を害さないように、やんわりと配慮をお願いする。

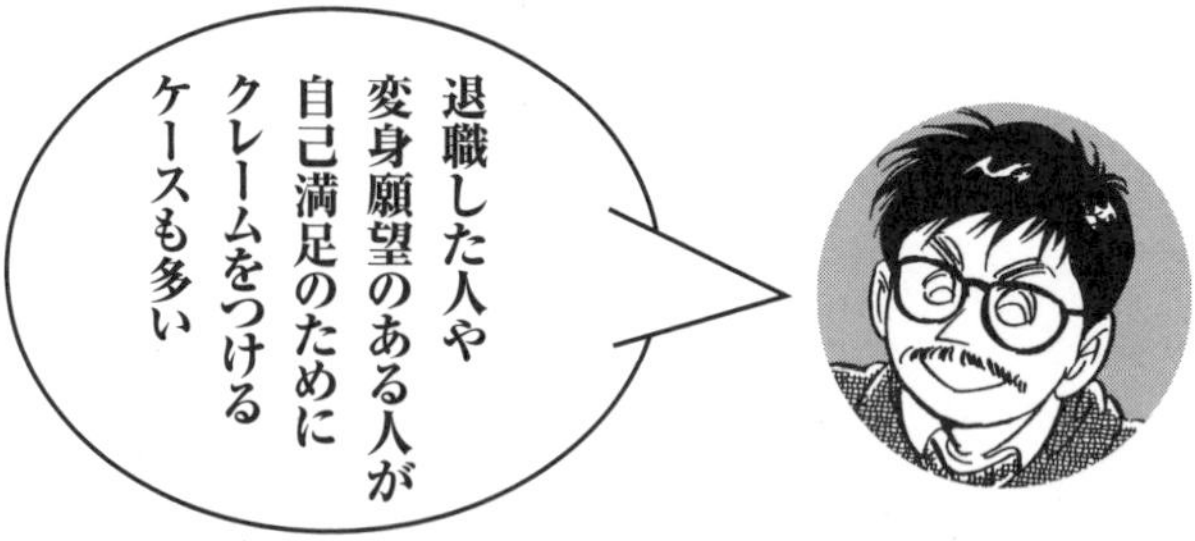
退職した人や
変身願望のある人が
自己満足のために
クレームをつける
ケースも多い

上司のようにふるまう人

従業員の接客態度などに対してクレームをつける。堂に入った指導のため、関係者だろうかとかんちがいしやすい。

消防署員のようにふるまう人

消火器の設置場所や避難経路などについて、専門的な指摘をする。専門家になりきることに喜びを感じている場合も。

気分を害さないように

お客様は店のためにいいことをしていると思っている。話をさえぎったり、むやみに反論して気分を害さない。

感謝を伝える

いただいた意見に対して、心からお礼の言葉を述べる。実際、耳を傾けるべき貴重な意見も多い。

「貴重なご意見をありがとうございます。お客様のおっしゃったことは、一同、肝に銘じます」

あまりに頻繁な指導には、配慮をお願いする

頻繁な指摘が業務の差しさわりになるときは、お礼を述べたあとに、やんわりとほのめかす。

「……。ただ、業務の最中ですから、ほかのお客様に十分な対応ができなくなってしまいます。大変恐縮ですが、そこのところをもう少しお考えいただけませんでしょうか」

ほかにもこんな言い方をしてみよう

「ご理解くださいますようお願いいたします」

「ご配慮のほど、お願いいたします」

今後もよろしくと伝える

これからもお客様として贔屓にしてもらえるようにお願いする。

「至らない点が多くて、誠に申し訳ございません。これからもお客様として、温かく見守っていただきたいと思います」

こんなクレーマーがあらわれたら……

ストーカータイプ

特定の従業員につきまとう

事例

女性スタッフを見つめ続ける

客商売である以上、笑顔で話したり、お客様が気分よく買い物できるよう気を配ったりしています。しかし、最近それをかんちがいしたお客様が、毎日のようにお店に来ては、ついてまわったり、見つめたりしてきます。ときどき商品を購入するため、ストーカーとしてはねつけることもできません。

ほかのお客様と話しているとすごく怖い目でにらんでくるため、逆恨みされないか、心配です。

対応

お客様が相手でも我慢はしない。
警察沙汰になることを伝えて、やめてもらう

従業員の話もお客様の話と同じようにきちんと聴いて、真相を確認する。そのうえでお客様に問題があれば、従業員ひとりに任せずに、会社がバックアップする。

advice

つきまといを放置すると従業員の親からクレームが!?

お客様のつきまとい行為がどんどんエスカレートしていくのに、会社がなにもしないで看過していると、今度は従業員の親から、会社はなんの対応もしてくれないのかとクレームが入る可能性があります。

もしも、本当に事件に発展してしまったら、十分なフォローができなかった企業の責任も追及されます。社会的な非難をまぬがれず、ビジネスの面でも大きな損失をこうむることになりかねません。

従業員と連携して外からの問題に取り組まないと、逆に身内からクレームが出てしまうこともあります。

絶対に女性ひとりで訪問させない

よからぬことを考えて呼び出している可能性もある。男性社員が同行したり、かわりに責任者が訪問するなど、慎重な対応を。個人的な連絡先は教えない。

段階的に注意する

つきまといを注意する

黙っていては、お客様の行為を促進してしまうだけ。やめてほしいということをはっきりと意思表示する。

「お客様、仕事に支障をきたしますので、うちの従業員につきまとうのはやめてください」

強めに警告する

やめてくれるように注意しても、つきまとい行為が続くようなら、徐々に警告の度合いを強める。注意を重ねたのに行為が収まらない証拠を、メモや音声などで記録しておく。

「従業員は個人的な接客はできません。これ以上続くようでしたら、しかるべき対応をしなければなりません」

警察に相談したことを伝える

警察に相談すると伝えたところで、引き下がる人も少なくない。それでも行為が収まらないようなら、つきまといの記録をもって警察に相談する。

「これ以上は看過できません。すでに警察にも相談しました。それでも続くようなら、法的手段をとらせていただくことになります」

こんなクレーマーがあらわれたら……

激情タイプ

感情が高ぶって、突然キレる

事例

本当の原因は失恋？

「購入したばかりの音響機器が壊れて、音が出ない」とお客様がお店に来ました。

何度かお買い上げいただいている常連さんですが、顔を真っ赤にして、ものすごい剣幕で怒鳴っていて別人のようでした。こちらの話はまったく聞いてもらえません。どうやら、恋人とけんか別れしたことも、スピーカーの故障が原因だと話しているようです。キレた原因はほかにもあるのかも……。

対応

相手を落ち着かせて冷静にしっかり話を聴く

お客様は感情があふれそうになり、その捌け口を求めている。まずは、落ち着いた環境で一定時間話を聴くといい。気持ちを吐き出してしまえば、こちらの話を聞く余裕も出てくる。

キレる理由は人それぞれ

怒りのやり場がない

責任がだれにもなくて、怒りの矛先が見つからない場合、吐き出せない怒りがたまってしまう。なにかの拍子にそれがあふれてしまうことも。

思い入れが強い

子どもや孫のこと、記念日のように取り返しがつかないことなどが関係する場合、思い入れが強いぶん、思うようにならなかったときの反動も大きい。

悪意がある

わざとパニックを起こすことで、金銭的な補償をねらっているケースもある（詳しくはPart5へ）。この場合も、冷静に話を聴く。

気持ちを静める方法

胸にたまったものを吐き出すことができれば、気持ちも落ち着く。お客様が話をしやすい状況をつくる。

さぁさぁ
お客様　こちらへどうぞ
私がお話を伺いましょう

落ち着いて話せる場所へ移ってもらう

売り場から離れて、応接室など静かな場所に移る。環境が変わることで落ち着きを取り戻して話ができる。ほかのお客様に迷惑がかかる心配もない。

担当者を交代する

接客態度に対するクレームなどは、同じスタッフが対応を続けても解決できず、ひどくなるケースも。「責任者としてお詫びしたい」と上司が交代して話を聴くのもいい方法。

後日
あらためて話すなど
クールダウン
できるように
時間をおくことも
ひとつの方法だ

否定的に話すよりも部分的に肯定する

できないとしても、否定で話し終えると角が立つ。部分的にでも肯定したり、ほかにどんな手段があるか提示するほうが建設的。相手の立場に立って、受け入れやすい言い方を。

「私どもには、○○○はできません」

↓

「私どもは、△△△には対応しています」

こんなクレーマーがあらわれたら……

ひまつぶしタイプ
担当者にえんえんと話し続ける

事例

クレームはお客様の楽しみ？

定年退職をした人や近所の高齢者の方が、よくお店に来てちょっとしたクレームをつけながら話をしていきます。季節の変わり目や春先にも多く見受けられます。

こういったお客様から見れば、クレームは、ただで話を聴いてくれて、ひまつぶしができて、うまくいけばお詫びの品や商品券がもらえる素敵なしくみ――などと邪推してしまうのですが、どう対応したらよいのでしょうか。

対応

時間が許すかぎり、お客様の話を聴く。これも仕事のひとつと考える

もし、こうしたお客様に対応する余力、時間があるならば、すばらしいサービスにつながるかもしれない。従業員に過度な負担がかかるようならば、対策を講じる必要がある。

ひまつぶしタイプは
相手をしてほしいだけ
改善や補償を
強く求めないところが
見分けるポイントだ

ひまそうに見えるから話しかけられているのかも!?

忙しそうに働いている人には話しかけづらいもの。
窓ふきや棚の掃除、商品の陳列の整理などで体を動かし、ひまに見えないようテキパキふるまうといい。

組織としての方針を決める

こうしたお客様に対して、組織としてどう対応するか決めておくと、現場のスタッフは自信をもって対応できる。

お客様専用フリーダイヤルに毎日同じ人から電話がくる

業務に支障をきたす場合は遠慮してもらう

「お客様、このフリーダイヤルは皆様のものです。ほかにもお客様がお待ちですので、これで失礼いたします」

何度かかってきても「先ほどお願いしたとおり、ほかのお客様のご迷惑になりますので、ご遠慮ください」と言って早めに切る。

とことん話を聴く

病的なしつこさでなければ、お客様の気がすむまでじっくり話を聴いて、満足してもらう。ただ、途中でやめたくなってもやめにくい。

折り返し制に変えるのもよい方法

相手の番号を聞いて、折り返し電話をかけ直すようにする。お客様は個人情報を明かさないといけないため、匿名のフリーダイヤルにくらべて、ひまつぶし電話はかけにくい。

今日来てもらったのは
○○さんの態度の悪さの
ことなんだけどね
例年の新入社員と
比較しても彼は……
ポリポリ

ひまつぶしタイプに説教タイプ（P.20）やストーカータイプ（P.22）があわさっていることもある。

こんなクレーマーがあらわれたら……

異常潔癖症タイプ

病的な神経質から苦情を訴え続ける

事例

コップのくもりから病気に？

レストランで出された水を飲んだお客様が、急にパニックになって騒ぎ出しました。

そのコップには、わずかにくもりが残っていたため、「汚れたコップで水を飲んだ。私は、細菌を飲んでしまった」とクレームを受けたのです。

お客様は、「この細菌が原因で病気になってしまったら、これからの私の人生をどうしてくれるの！」と食ってかかります。

対応

こちらの落ち度には心からお詫びする。
対応は公平・公正をつらぬく

通常は気にしない程度の汚れでも、こちらの落ち度。心から謝罪してコップを取り替える。この時点では、コップの汚れと病原菌、将来の病気を結びつけて考えるのは無理がある。お客様を気遣いつつも、特別扱いはしない。

不手際がないように
日ごろから注意して
クレームの芽を
つんでおくことが
なによりもたいせつだ

「原状回復」の原則

クレーム対応の基本として覚えておきたいのが、「原状回復」。不具合のあるものを交換する、壊れたものを修理する、返金するなど、不具合の起こるまえの状態に近づけることが対応の基本。

相手の気持ちを思いやって話す

こちらの立場や考えを押しつけないで、お客様の立場に立って接する。苦しんでいること、困っていることに共感してあげる。

謝罪をする

不快感や恐怖感を抱かせてしまったお客様に心から謝罪する。こちらに落ち度があるなら、正直に伝えてお詫びを。

「すみません。私どもの落ち度です。ご不快な思いをさせてしまい、申し訳ございませんでした」

気持ちを思いやりつつ、対応は公平に

お客様の窮状に共感を示しつつ、ひとりだけを特別扱いすることはむずかしいと伝える。

「お客様に精神的な苦痛を与えてしまっているとすれば、大変心苦しく思います」

「ですが、お客様だけを特別扱いにさせていただくことはできないのです。すべてのお客様に対して、公平でなければならないからです」

お客様に対しては、いつでも公平でいる。

相手を気遣いつつ、できることを伝える

こちらに落ち度があったことで、お客様が極度に不安を感じているようなら、こちらの負担で診察を受けてもらうことも。

「もちろん、お客様がご心配でしたら、検査をお受けいただきたいと思います。異常があり、私どもの責任が明確になりましたら、そのときはきちんと対応させていただきます。どうかご理解ご容赦いただけないでしょうか」

「責任がはっきりしないと、補償はできません」のように、否定的に話さない。

こんなクレーマーがあらわれたら……

被害妄想タイプ
勝手に誤解してしまう

事例

笑顔でお迎えしただけなのに

いつもどおり、来店したお客様に、笑顔であいさつしようとしたところ、「こっちを見てなに笑っているんだ」とお客様が怒り出してしまいました。

明るくあいさつをして、気持ちよくお迎えしたかっただけなので、突然のクレームにおどろきました。あわててお詫びをしたものの、「人の顔を見て笑うなんて、バカにしているのか」とお客様の怒りは収まりません。

対応

細心の注意を払いながら説明して、誤解を解いてもらう

お客様の誤解が解ければ、クレームも解決する。ひとりで対応するよりも、ほかのスタッフがフォローしたほうがいい。ただし、「誤解したお客様が悪い」といったような説明にならないよう気をつける。

別の問題にすりかえられないよう注意

たとえば高齢者からの理不尽なクレームに対して「要求はお受けできません」と断わったとき、「年寄りだから差別するのか」とごねるケース。クレームを社会的弱者への差別にすりかえられてしまう。

なんやとォ?
俺が年寄りだから差別するのか?

チームプレーで乗り越える

ひとりで対応しきれないことも、数名で役割分担をしながら対応することで、お客様に納得してもらえる。

謝罪をして誤解を解く

怒っているお客様に対して、いきなり言い訳をしても聞いてもらえない。はじめにきちんとお詫びして、お客様に話を聞いてもらえる状況にする。

「ご不快な思いをさせてしまったとしたら、どうかお許しください。ですが、私はお客様にごあいさつをして、気持ちよくお迎えしたかっただけでございます」

別のスタッフがフォローする

本人だけでは、解決しにくいクレームの場合、先輩や上司が助け舟を出す。責任者としてお詫びさせてほしいと言って間に入り、フォローする形が自然。

「お客様、失礼ですが、それはお客様のまったくの誤解でございます。お客様をお迎えする笑顔の陰に悪意を抱いているということは、○○にかぎってありえません」
「ですから、どうかご容赦くださいませんでしょうか」

advice

なんでも人のせいにしてしまう

被害妄想タイプは、自分を守るために、だれかを加害者にしないと落ち着きません。そのため、問題があると、会社のせい、政治家のせい、先生のせいなど、だれかに責任を押しつけようとします。こうした風潮が、社会全体に広がっていて、クレームの増加に拍車をかけていると思います。

また、テレビでは、法律相談などのバラエティ番組が広く放送されています。その影響もあって、訴訟が身近な問題に感じられるようになり、泣き寝入りしないで、積極的に訴えるという気運が高まってきています。クレームは、訴訟よりもさらに手軽な「訴える」手段なのです。

こんなクレーマーがあらわれたら……

粘着質タイプ

とにかくしつこくくり返す

事例

今さら、昔のことを……

以前の店長のときに迷惑をかけたお客様から、当時の話を蒸し返したクレームがありました。

先代の店長は、きっちり謝罪したあとも、店長をやめるまでずっと、お客様に便宜を図っていました。しかし、店長が変わったとたん、特別扱いがなくなったため、お客様は話を蒸し返したのです。

謝罪はとうの昔にすんでいるし、そのお客様だけ特別待遇するわけにはいかないと思うのですが……。

対応

ほかのお客様や会社に不利益なら きっぱりと断わることも

会社にとって不利益なことがあったり、ほかのお客様に迷惑がかかる場合は、お客様を不快にさせないように言葉をえらびながら、きっぱりと断わることも必要。

メールで しつこいクレームを つける相手には

メールは、互いの気持ちや考えが、スムーズに伝わりにくく、誤解が生じやすい連絡手段。そのため、メールだけのやりとりでは、なかなか決着がつけにくいもの。
何度かメールを往復しても、解決の目途が立たないようなら、電話や直接会うなど、メール以外の方法でやりとりがしたいと伝える。

クレームが
長引くことで
時間も人手も
よけいにかかり
無駄になるんだ

あんなに怖い思いを
することになるとは
思いもしませんでした
そのときの私の気持ちが
わかりますか……
……それだったら
どうしてまえのまま
変化がないのかしら
つい先日もあやうく……
ペラペラ

タラ・レバ要求には屈しない

「もし〜だったら」という仮定に基づいた要求に応える必要はない。拡大解釈すると、補償の範囲が際限なく広がってしまう。

たとえばこんな状況のとき

店内で子どもが走りまわっていて、転んでしまった。

要求1 初診料の負担 ○

ちょっと転んだだけでも、お客様が病院へ行くというなら、初診料の負担を申し出ていい。店内で起きた事故として、道義的責任を認識することは誠実な対応。

要求2 損害賠償 ×

「もしけがをしたら、どうしてくれる」と損害賠償を求められた場合、応じる必要はない。
起こっていない仮定に基づいた要求は、不当要求にすぎない。

要求3 床材の交換 ×

店内の床材をすべて転びにくい素材に交換するよう求められても、応じる必要はない。この要求も、仮定に基づいた損害賠償の延長上にある行為に位置づけられる。

こんなクレーマーがあらわれたら……

支離滅裂タイプ

クレームや要求がコロコロ変わる

事例

次々と予想外の要求が続く

「店内のトイレで蛇口がとれて、ずぶぬれになった」とクレームが入りました。すぐに謝罪し、着替えを提供し、現場の確認をしました。その日はクリーニング代を渡して引き取ってもらうことに。

　しかし後日、「ぬれたせいで風邪をひいたから治療費を払え」「悪化して入院した」「転院した」などと、支離滅裂なクレームが相次ぎ、多額の治療費や交通費の請求がきています。

対応

あくまで冷静になって姿勢を一貫する

相手につられて、感情的にならない。お客様の話を復唱して、経緯と目的を再確認し、こちらにできる対応を伝える。お互いのやりとりをすべて記録して、対応がぶれないように注意する。

advice

出るところへ出たほうが話が早いことも

　お客様の話が二転三転して振りまわされる場合、我慢して先の見えない対応を続けるよりも、行政機関や専門家に判断を仰いだほうが早く解決することもあります。

　とくに、会社への被害やほかのお客様への迷惑が生じるときは、早めに外部の助けを借りて、妥協点を見つけるようにします。

経緯を文書にまとめて対応する方法も

言った言わないのやりとりは不毛。直接会うときに、書面を持参してお客様に確認してもらうといい。お詫び、経緯、対応策などを記す。

文書を書くときの注意点についてはP.55、116へ。

役割を分担して複数で対応する

トラブル時にだれがなにをするか、分担を決めておく。複数対応を訓練することにより緊張感が生まれ、クレームも減る。

そばで監視する

実際に対応する人に危険がないよう、そばで見守る。複数で対応すると、悪意のある相手にはプレッシャーになる。

実際に対応する

直接お客様に対応する役割。そのときに接客した担当者や、責任者が行うといい。

地味な役は私いやよ
まあまあそう言うなよ大事な役だから

やりとりを録音する

クレーム対応のやりとりをレコーダで録音したり、メモしたりする。かならず記録を残す。監視役や連絡役が並行して行う。

緊急事態になったら連絡する

お客様が暴れたり、物を壊したり、ほかのお客様に危険が及びそうになったときは、警察に通報する。

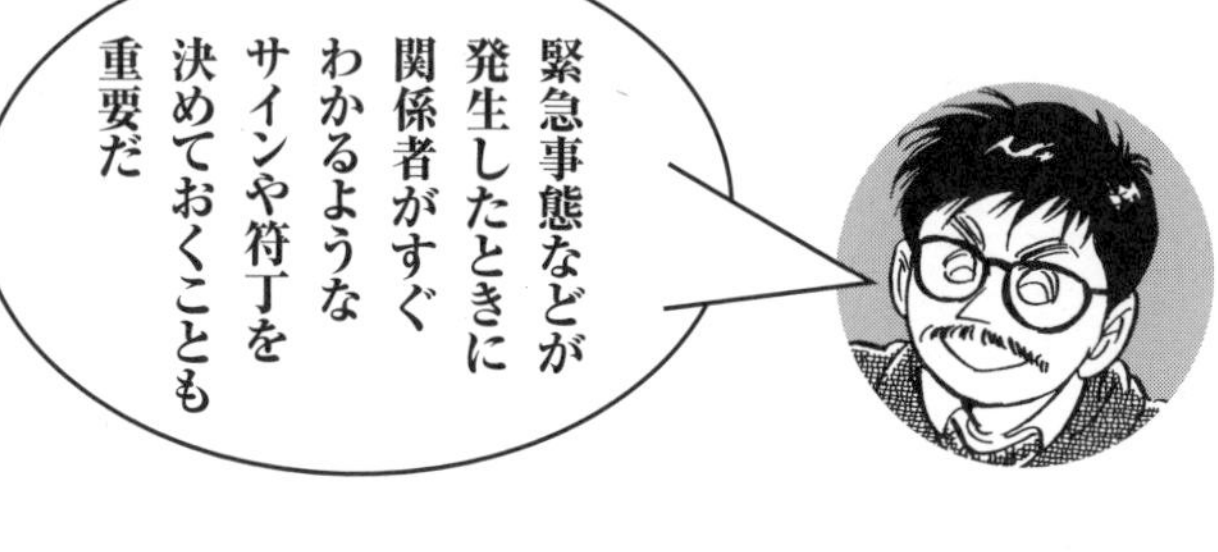
緊急事態などが発生したときに関係者がすぐわかるようなサインや符丁を決めておくことも重要だ

こんなセリフを言われたら……

「どうしてくれる」「誠意を見せろ」

クレームの理由で判断する

原状回復を基本に、交換、修理、返金などの公平な対応策を提示する。

お茶をこぼして、洋服をぬらしてしまった

↓

クリーニング代の支払いを申し出る

こちらの落ち度で、お客様に被害を与えてしまった。
クリーニングによって、洋服が汚れるまえのきれいな状態に戻す。

料理が冷たいと文句を言われた

↓

温かい料理と取り替える

本来、温かい状態で出すべき料理が冷たかったのは、こちらのミス。温かいものと交換して、対価に見合ったものを提供する。

接客態度が悪く、気分を害したと言われた

↓

謝罪し、社員教育を見直すことを伝える

お客様が気持ちよく帰れるよう、誠実にお詫びする。場合によっては、サービス券を渡すなどの対応をしてもいい。ただし、ほかのクレームのときも同じように対応する。

言葉のウラを考える

誠意という言葉は、人によってさまざまに解釈できます。具体的になにかを指し示していないため、謝罪の言葉ととる人、土下座ととる人、損害賠償ととる人もいます。

これを悪用して「誠意を見せろ」とすごむ悪質なケースもあります。

具体的に要求すると恐喝になる可能性がありますが、「誠意」ならば、相手が勝手に解釈したと言い逃れできるからです。

通常の対応をしてもこの言葉が続くときは、判断に注意しましょう。

しつこいときは言葉を投げ返す

通常の対応策を提示しても納得してもらえず、くり返し「誠意を見せる」よう要求されるときは、そのまま言葉を投げ返すといい。

「私には、こうしてお詫びして、商品を交換することしかできません。お客様のおっしゃる誠意とは、どのように示したらよいのでしょうか」

皮肉にとられないよう、本当にどうしたらよいのかわからない、といった風情で話す。

具体的な要求をすると
脅迫になってしまうため
金銭が目的でも
直接的には言ってこない
「どうしたらいいのか」と
こちらがくり返すうちに
相手がポロッと本音を出すか
業を煮やして引き下がるはず

じゃあ　もういいわで、サービス券はないの？

人によっては、こうした言葉があいさつがわりのこともある。
重く受け止めずに、できることだけ伝えてさらりとかわそう。

こんなセリフを言われたら……

「早くしろ」「もう待てない」「いつまでに結論を出すんだ」

期限の約束が

できる　余裕をもたせた期限を伝える

急な予定変更でスケジュールがくるうことはよくある。カツカツの予定を組んで返事の期限を伝えてしまうと、間に合わないときに、またお客様を不快にさせてしまう。

間に合わないと
うそをついたことに
なってしまい
二次クレームに
つながってしまう

できない　回答を確約しない

「上に諮らなければならないので、期限の確約はできませんが、できるかぎり早めにお返事いたします」

お客様は待っている時間に怒りや不満をつのらせていく。まめに途中経過を報告し、お客様に落ち着いて待ってもらえるよう心配りを。

言葉のウラを考える

待たされれば待たされるほど、お客様の不満は増していきます。解決を焦る必要はありませんが、対応はすばやくするよう心がけましょう。すぐ返事ができない場合は、経過報告をして、お客様をただ待たせないようにします。

　早くしろと言われると、人は焦るもの。悪質なクレーマーのなかには、この心理を悪用する人がいます。急がせ、パニックに追い込んで、お詫び金をせしめようとするのです。焦らず冷静に対応して、つけ入るすきを与えないよう注意します。

時間の感覚は人それぞれ

相手の感覚
待っている側は、時間の経過が遅く感じられるもの。とくに、イライラしているときはなおさらだ。「のちほど」と言われて、すぐ送られてくると考える人もいる。

〝のちほど送ります〟って言ったのにまだこないじゃないか!!
まだ5分たってないのに……

自分の感覚
伝えた側は、自分の感覚で30分以内には送ろうと思っている。「のちほど」と伝えたのに、どうしてせかすのだろうと考えてしまうことに。

人によって時間の長さが異なる表現

すぐに
ただちに
のちほど

→ **「○分ほどで」に言い換える**

これらの表現を使う場合は、間髪入れずにできないと、相手に待たされた感を与えてしまう。具体的な数字に置き換えたほうが、相手は安心して待てる。

一両日中
後日
週明け早々に

→ **「○日までに」に言い換える**

「後日」を翌日と考える人もいれば、5日くらい待てる人もいる。相手によって幅がありすぎる表現なので、誤解をさけるために、具体的な数字に置き換える。

こんなセリフを言われたら……

「今すぐ来い」「今からそっちへ行く」

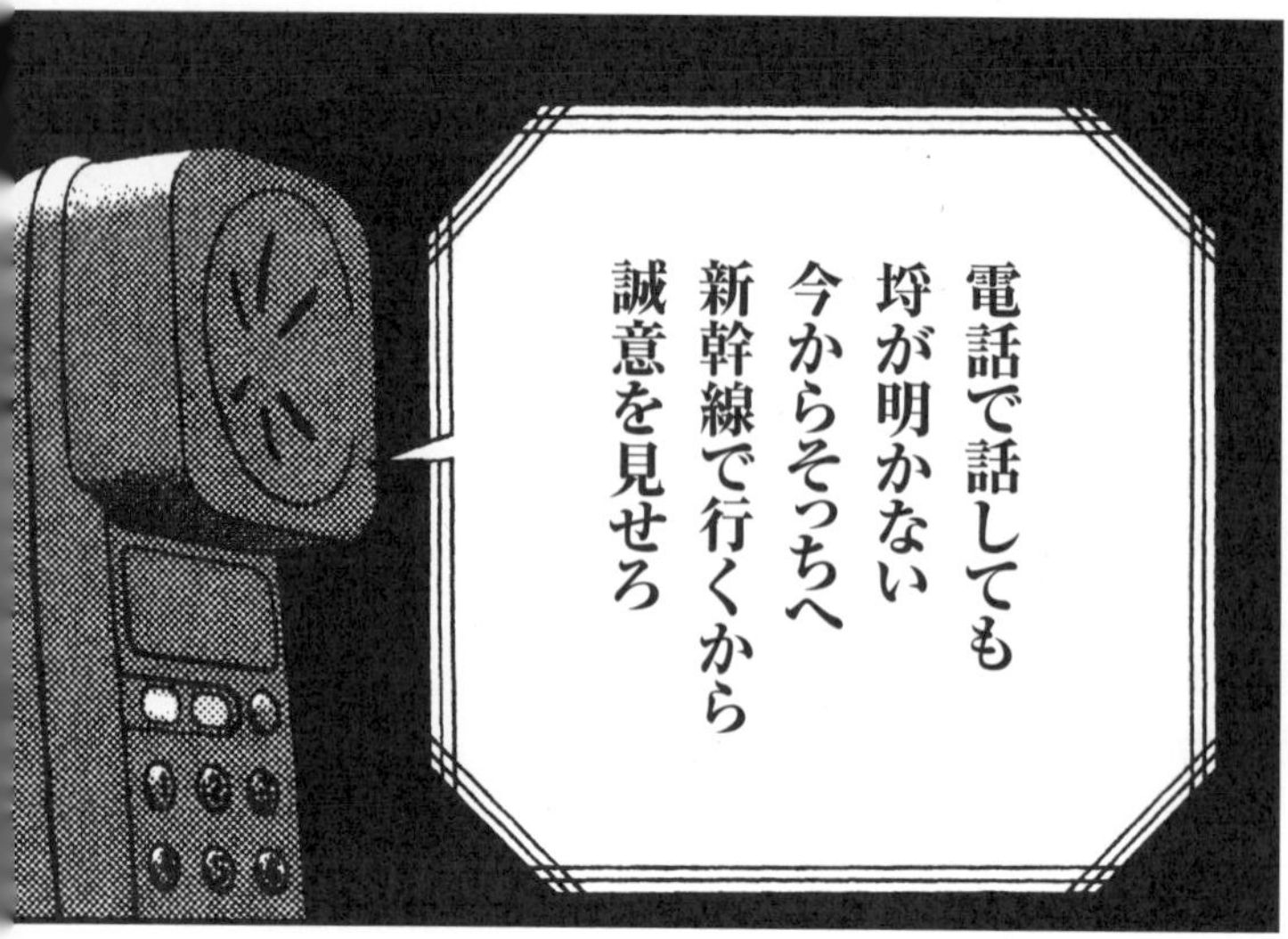

電話で話しても
埒が明かない
今からそっちへ
新幹線で行くから
誠意を見せろ

「新幹線代を払え」と暗に要求している。「こちらへ来ていただいても、すぐにお返事はできません。申し訳ございませんが、新幹線代のお支払いもできません」と答えるのがベスト。

実際は、出張などですぐ近くにいながら電話を入れて新幹線代だけでも巻き上げようとしていることがある

言葉のウラを考える

お客様の安全、生命にかかわる被害が出ている場合は、なによりもすぐ訪問する必要があります。しかし、緊急性が認められない一方的な申し出には、すぐに対応する必要はありません。

悪質なクレーマーは、不可能だとわかっていて「すぐ来い」と言うことがあります。こちらに無理だと言わせて、「じゃあ、こっちから新幹線で行ってやる」と提案するためです。その目的は交通費。出張などで近くに来ているとき、ついでに新幹線代をせしめようとするのです。

あわてさせてパニックを起こす

急がないと被害が大きくなると思えば、今すぐお金を払って解決してしまいたい気にもなる。その心理を悪用されないよう注意する。

ねらわれやすい時間帯

閉店間際

店じまいをはじめる時間帯。
早く片付けて早く帰ろうと思っていたところへのクレームは、とてもめんどう。

お昼どき

従業員の昼休憩などで人手が少なくなっている時間帯。午後までにやるべきことなどがあると、なおさらクレームにかかわりたくないとき。

午前中の病院

たくさんの外来患者への応対でいそがしい時間帯。患者さんのまえであることもあり、できるかぎり穏便にさっさと解決してしまいたいもの。

おたくのせいで遅くなったから高速代を出してくれ
あと40分で窓口に行かないと1千万円がパアだ責任とってくれるのか

間に合わなかったら、多額の損害を与えてしまうと思って、パニック状態に陥る。時間がないため、内容を確認することもできず、一方的な要求をのんでしまいがち。

億単位の契約がとれなくなるとか収録に間に合わないと言ってせかすクレーマーもいる

こんなセリフを言われたら……

「保健所に持ち込むぞ」

自ら進んで保健所に相談する

もし保健所に通報する必要があるようなクレームなら、お客様に言われるまでもなく、自ら保健所に相談しておく。

「わが社の商品で腹痛が発生したとしたら、一大事ですから、保健所に届け出をしました。幸い、ほかには同様の届けがないようですので、安心しました」

先手を打っておけば、悪質なクレーマーが入り込む余地はない。

関係機関に連絡を入れておく

こうした人から、こういったクレームがあったが、ほかに同種のクレームはないということを伝えておく。悪質クレーマーかもしれませんので、よろしくお願いいたしますと、断わっておく。

通報はお客様の自由意志で行うこと「私どもがとやかく言うことはできません」と言うのも効果的だ

言葉のウラを考える

対応に満足できず、怒っているために、こんな言い方をするお客様もいます。まずはお客様の言い分をよく聴いてみることです。

たとえ本当に保健所に連絡されたとしても、すぐに営業停止などの処分が下るわけではありません。確かな原因があるという客観的な判断が必要だからです。

めんどうなことになりそうだから、秘密裏に解決しようとするのは相手の思うツボ。確信犯的なごまかしや不正をしていないかぎり、おそれる必要はありません。

おどし文句は受け流す

暗に特別扱いを要求するおどし文句に対しては、あわてず騒がず、反論もしないで、受け流しておけばいい。

消防署に通報するぞ

防火設備などに落ち度があってこう言われたら、「通報するかしないか、私どもがとやかく言うことはできません」と答えるしかない。

名誉毀損で訴えてやる

出るとこ出てもいいんだぞ

これもお客様の自由意志で行うこと。とめることはできない。悪質なクレームの場合は、出るところへ出てくれたほうが解決しやすいことも。

右翼団体に知り合いがいるんだ

街宣車で押しかけてやる

店先などで街宣行為をされるようすがありありとイメージできるセリフ。暴力的なおどしであり、強く恐怖を感じる。警察へ相談する。

明らかなおどしには、のらりくらりと対応するのも効果的（P.142へ）

「街宣車ですか……。それは困りましたね。ですが、お客様のなさることに、私どもがどうこう言うことはできません」

後ろめたいことがないのならば、ていねいに、かつ毅然と対応する。

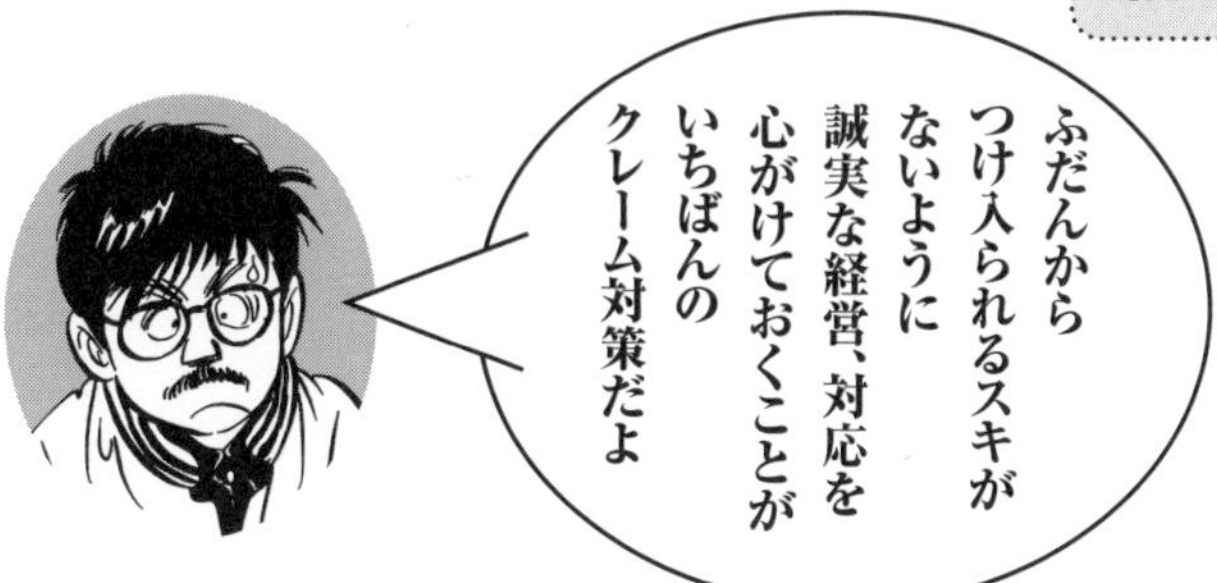

ふだんから
つけ入られるスキが
ないように
誠実な経営、対応を
心がけておくことが
いちばんの
クレーム対策だよ

こんなセリフを言われたら……

「インターネットに流すぞ」

無駄な抵抗はしない

その場でお金を払ってとめたとしても、何度でもくり返しおどされる。クレーム隠しが明るみに出ると、墓穴を掘ることに。

「精一杯の対応をさせていただいておりますので、ぜひ私どもの答えをご理解いただきたく存じます」

こちらでできる対応をはっきりと伝える。

「ですが、お客様がなさる表現に対して、とやかく言える立場ではありません」

勝手にしろというニュアンスにならないよう、言い方に気をつける。

「ただし、私どもに実害が及ぶようなことがありましたら、しかるべき対応をさせていただきます」

なにもしないで黙って見ているわけではないと釘をさす。

言葉のウラを考える

インターネットを使えば、個人でも、世界中に向けて情報を発信できます。たとえ根拠がなくても、あっという間に、風評を流せるのです。

事実と異なった噂によって、商品の売れ行きに多大な影響が出たり、株価が下がったり、企業が倒産に追い込まれることも考えられます。

悪質なクレーマーの場合、こういった事態になってもいいのかと、おどしている可能性があります。しかし、無駄に抵抗するよりも、誠実に経営して、お客様の判断に任せるほうが賢明です。

こんなセリフを言われたら……

「マスコミに知り合いがいるんだ」

口止め料に一利なし

悪いことをしていないなら、口止めする必要はない。逆に心当たりがあるのなら、いつかバレるのだから隠しても無意味。

「お客様のなさることに対して、私どもがどうこう言える立場ではありません」

後ろめたいことはないと伝わるように、毅然と対応する。きつい表現にならないよう注意する。

根拠がなければニュースにはならない

基本的に、不確かな風評をテレビやラジオがニュースで流すことはない。本当に問題が発生したわけでなければ、おどしにおびえる必要はない。

記者会見など
マスコミ対応が
必要になった場合の
注意点は次ページへ

言葉のウラを考える

問題点がマスコミに報道されたら、クレームがさらに広がり、企業は大きな社会的制裁を受けることが考えられます。だからといって、マスコミ報道を規制することはまず無理。事実を隠蔽しようとしたとわかれば、さらなるバッシングを受けることになるでしょう。

一方で、マスコミが証拠もない情報をむやみに流すことはありません。もし、悪質なクレーマーにおどされたとしても、悪いことをしていないのなら、心配する必要はありません。

マスコミ対応のポイント

マスコミの向こう側にいる消費者の目を忘れない。また、初期対応を間違うと、事態が悪化して収拾がつかなくなるので注意。

組織対応をする

社長と広報、各部署、関連企業などの話が食い違うと、信用が失墜する。窓口をしぼり、専門チームが対応を仕切る。取材相手の所属や目的をはっきりさせ、正規ルートからの申し込みしか受けない。

事実を早めに公表する

記者会見、記者発表など、対外発表の方法を決め、早め早めに公表する。うそや隠しごとはかならずバレると考え、先に明らかにする。わからないことは正直にわからないと伝える。

記者会見や発表の流れ

1

経過と現状を説明する

事実を正確にできるかぎり説明する。きちんと情報を開示して謝罪することが、早期解決、沈静化への近道。

2

原因を説明する

どうしてそうなったのか、調査でわかったことを報告する。原因が特定できていない場合も、現状を報告する。

3

再発防止策を述べ責任を表明する

これからどう改善していくのか、善後策を述べる。責任の所在や責任のとり方についても追及されるまえに示す。

法的責任と社会的責任の違いを知っておく

法的に問題がなくても、世間を騒がせたり、不安にさせたことに対する道義的、社会的責任を認識する。法的に間違いはないと記者を納得させるよりも、消費者の気持ちをやわらげることに力を注ぐ。

安全と安心は違う。
数字上で安全でも
安心できないことは
たくさんあるんだ

記者会見での注意ポイント

全国の消費者にきちんと謝罪して、信頼を取り返す大きなチャンス。消費者の目線に立って準備をして臨む。

派手な服装やだらしない格好 ×

不祥事なのに、高級ブランドの時計やアクセサリー、白いスーツなどの場違いな服装はさける。開きすぎる胸元や、だらしないネクタイなども不評。身だしなみに注意する。

M社が行ったお詫び会見は
誠意がにじみ出ていて
好感度をあげることに成功した

関係者のバラバラな言動 ×

頭数をそろえても、お詫びの言葉をくり返すだけで、経緯の説明や原因の調査、対策などをだれひとり言えないようでは、かえって無様。事前にきちんと打ち合わせをしておく。

いらだちをあらわにして逆ギレ ×

「私だって寝てないんだ」などと疲れをアピールして、逆ギレするのは消費者の感情を逆なでするだけ。問題を起こした側であることを自覚して、謙虚な姿勢でいることを忘れない。

謝罪ができていない ×

「遺憾に思う」と他人ごとのように答えたり、「私は知らなかった」と言い逃れをし、謝罪できないのは見苦しい。お辞儀の際に机に手をつく、数名がバラバラと頭を上げ下げするのもよくない。

こんなセリフを言われたら……

「あなたの会社（商品）のせいで○○になってしまった」

体を気遣い謝罪する

自分の肉親が相手だと思って、心から気にかけることで、お客様の怒りが静まってくる。

「それはいけません。具合はいかがでしょうか。病院へは行かれましたか」

原因によっては、ほかにも被害が広がりかねない。早めに対応する。病院へ同行してもいい。

ここの安全対策は大丈夫か○○と同じで不備があるんじゃないか

事故や事件があると、類似のクレームが増える。

言葉のウラを考える

お客様の体や財産に被害が生じたと言われたら、真っ先にお客様を心配します。原因がなんであれ、お客様がこちらの責任だと思っていることは明らか。この時点では、その不快感に対してお詫びして、きちんと事実確認をしましょう。

　なかには、因果関係があいまいなのに、なんとか金銭をおどし取ろうとする悪質なクレーマーもいます。「問題を起こしてしまったかも」という不安から、事実確認を怠り、あわてて処理することのないようにしてください。

補償などの対応は事実確認をしてから

「病院は嫌いだから行きたくない」「もう治った」と言って、診断書などの証拠を提示しないケースもある。かならず事実確認を。

「……それでは、診察の結果が出ましたら、またご連絡ください。因果関係がはっきりしましたら、責任をもって対処いたします」

責任の所在がはっきりしたら、対応するつもりでいることを伝える。

責任がはっきりして
いないのに
「おたくのせい」と
言われると
ついムッとして
売り言葉に買い言葉と
なりがち。
お客様を
不快にさせない
ように気を
つけたい

お客様を不快にする一言

「なにかの間違いではありませんか」

「説明書に書いてありますので、ご覧ください」

「説明書をよくご確認いただけましたか」

「そのようになることはありえませんが」

「お客様のほかに、そのような苦情は届いていません」

「お客様の操作が間違っています」

無意識のうちにこうした言葉を使っている可能性がある。冷たくあしらわれたような印象を相手に与えてしまう。クレームをつける客が悪いと言っているように聞こえる。

こんなセリフを言われたら……

「ここの責任者なんだろう」

組織として対応すると伝える

たとえ責任者であっても、個人的な対応はせず、組織単位でクレーム対応していることをはっきりと伝える。

「たしかに責任者は私ですが、こういった大事なことになりますと、私ひとりで決められることではございません」
「しかるべき者と協議のうえお返事いたしますので、どうかお名前とご連絡先をお教えください」

対応がきちんとしていることを印象づける。

「社長といえども、こうした重要なお話で間違いがあってはいけませんので、ほかの者と協議のうえでお返事いたします」

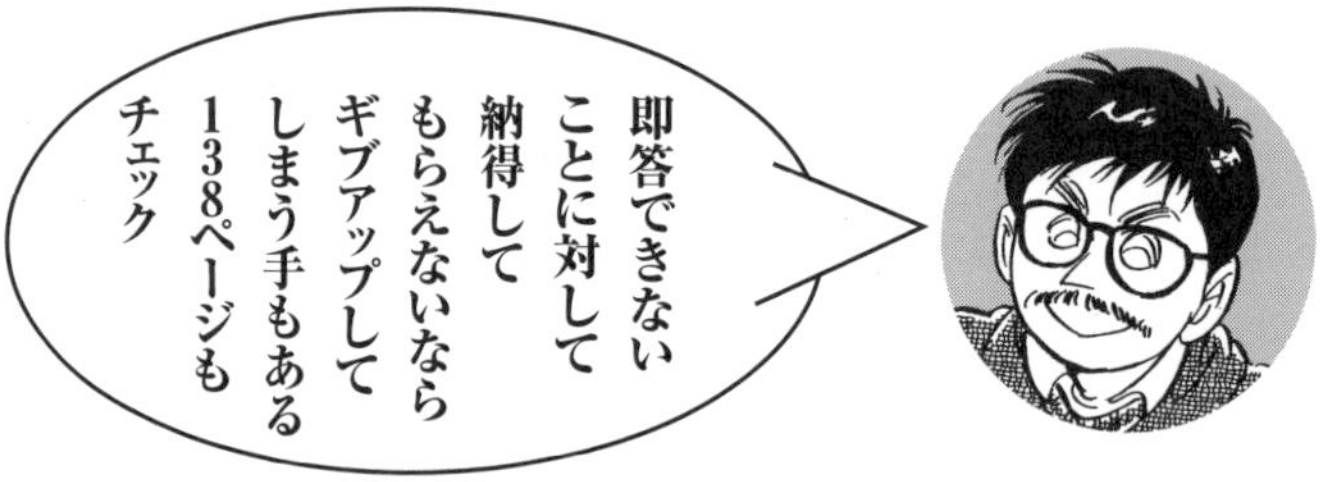

即答できない
ことに対して
納得して
もらえないなら
ギブアップして
しまう手もある
138ページも
チェック

言葉のウラを考える

お客様は、責任者だからなんとかできるだろう、この場ですぐ判断してくれるだろうと考えて、このセリフを言うかもしれません。

一方で、その場だけの問題として解決してもらい、さっさとお詫び金を受け取って逃げようと思っている悪質なクレーマーもいます。責任感を煽り、プライドを刺激することで、責任者がポケットマネーで片をつけることを望んでいるのです。

組織対応を忘れさせ、個人的な取引に持ち込もうとしていないか注意が必要です。

こんなセリフを言われたら……

「精神的苦痛を受けた」

できることを堂々と伝える

こちらにできる最良の対応策を堂堂と伝えることで、いくらおどしてもこれ以上の対応は無理だと思わせる。

「お客様に不愉快な思いをさせてしまい、誠に申し訳ございません。ですが、私どもにできることは、今申し上げたとおりです」

精神的苦痛の補償というむずかしいお話ですと私などにはとてもわかりません
どうしたらよいのでしょう

こちらで判断せず、具体的にどうしてほしいのか、相手に聞いてみるのがベスト。

言葉のウラを考える

精神的苦痛に対する補償は、どうするのがベストか、きわめて判断がむずかしい問題です。漠然としており、苦痛を金額に換算することもできません。だからこそ、誠心誠意お詫びすることがたいせつなのです。

一方で、担当者が勝手に解釈して補償をしてくれることを期待する悪質なクレーマーもいます。

自分たちにできることを伝えても不満なようすであれば、下手にこちらで判断しないで、相手の希望を尋ねるようにしましょう。

こんなセリフを言われたら……

「お前じゃ話にならない」「上司を出せ」「社長を出せ」

むやみに窓口を広げない

対応者がころころと変わりすぎるのも、無責任な印象を与える。引き継ぎも大変なので、できるだけ対応者をしぼる。

「私が担当者ですので、責任をもってお話を伺います。……おっしゃることはよくわかりました。かならず社長に申し伝えます」

社長に直接会ってもらうことができなくても、社長にきちんと伝えることを約束する。

上司や社長に
報告するためにも
お客様の名前と
連絡先をきちんと
教えてもらおう

接客トラブルでは店長が出ることで収まることも多い

従業員の接客態度などに対してクレームがついた場合は、責任者が「教育が行き届きませんで、申し訳ありません」とお詫びするのが一般的。これからの教育の徹底と改善を申し出る。

言葉のウラを考える

お客様は、今の対応を不満に思っているから、担当者を交代するように要求しているのです。

だからといってすぐに交代していては、それぞれの担当者がいる意味がありませんし、上司や社長も仕事になりません。上司は切り札と考えて、できるだけ自ら対応するようにします。そのときは時間を決めて対応し、記録を正確に残します。

一方で、レストランなどでの接客トラブルは、責任者が出ていかないことには解決しないケースも多くあります。

こんなセリフを言われたら……

「俺とお前の問題だろう」

大したこと
じゃないんだ
僕と君のふたりの
問題なんだから
大騒ぎにしないで
早く片付けよう

ひとりで解決しようとしない

クレームは、個人ではなく会社の問題。自分だけで対処しようとすると、個人的に被害を受けることになってしまう。

「これはお客様と私との間の問題ではありません。お客様と会社の問題です。私ひとりでは判断できません。どうぞ、その点をご理解ください」

担当者個人ではなく、会社として対応するべき問題であることを強調する。

言葉のウラを考える

この問題はふたりの問題、ふたりで解決すればクレームもなかったことになると言われると、「そのとおり」と仲間意識をもちたくなるかもしれません。しかし、これは悪意をもったクレーマーです。

ふたりの秘密にすれば、事を荒立てることなく、スピーディに話をつけ、金銭を受け取れます。また、共犯関係が成立するため、問題が外へもれる心配もありません。

悪質なクレーマーは、片方で手を結ぼうとしながら、もう片方の手でお金を要求しているのです。

こんなセリフを言われたら……

「ライバル他社は○○をしたぞ」

自社の方針を示す

ライバル社がどう対応していると言われようと、鵜呑みにしない。淡々と自分たちの方針を伝える。

「わが社では○○という対応をさせていただいています」

お客様に言われるまでもなく、ライバル社の動向はきちんとチェックしておく。

クレーマーが示唆する要求には目を向けず、堂々と自社の対応について説明する。

そうですか
わが社では○○に対して
○○という形で
お応えしており
ご満足いただいています

言葉のウラを考える

日本人特有の横並び意識を刺激して、同じサービスをするように要求していると考えられます。ライバル社に勝つためには、よりよいサービスをしなくてはいけないとプレッシャーをかけて有利にクレーム対応してもらおうとも考えているのです。

悪意をもったクレーマーは、うそをついていることもあります。スタッフの裁量でお客様を特別扱いすることがないよう、業界知識を深めておくとともに、代案をマニュアル化しておきます。

こんなセリフを言われたら……

「謝罪文を出せ」

会社に相談して慎重に行う

組織の代表としてクレーム対応している意識を忘れない。サインすれば、文書は会社の総意であるとみなされるので、軽々しくしない。

「私の一存ではできかねますので、会社と相談してご報告いたします」

「えー」「それはむずかしいかも……」などと言葉を濁さないで、きっぱりと言い切ることも必要。

謝罪文を出すときの注意点や書き方については116ページを見てみよう

文書を出す場合は1回かぎり

相手が文書を直してほしいと言ってきても、応じない。「会社の返事はこれ以上でも以下でもありません」と言い切らないと、相手の気がすむまで文書を出し続けることになってしまう。

言葉のウラを考える

謝罪文を出せば許してやると言われても、口約束にすぎません。いったん謝罪文が相手の手に渡ったら、どんな使い方をされるかわかりません。謝罪文をたてに、新たなクレームが寄せられることも考えられます。

文書を出す場合は、専門家とよく相談して、問題がないかどうか検討する必要があります。たとえ、文書にサインしないと許さないとおどされても、相手の用意した文書に、安易にサインしてはいけません。会社に戻って検討しますと伝えましょう。

ブレイクタイム

クレーム対応はストレスがたまりやすい

ストレスを受けやすいのはこんな人

まじめ
断れない
周囲に気を遣う
悲観的
几帳面
責任感が強い
他人の評価を気にする
厳格

ストレスは、環境の変化などで起こる急性ストレスと、じわじわと不安感が続く慢性ストレスに二分できます。お客様から不意に怒鳴られたり、日常的にクレームにさらされている担当者は、どちらのストレスも受けているといえます。

また、同じ状況下でも、ストレスの影響を強く受けやすいタイプの人がいます（上図参照）。こうした性格の人は、クレーム対応に向いている面も多くありますが、ストレスをためやすく、ストレスを増幅してしまいがち。本人やまわりの人は注意が必要です。

Part 2

あなたのこんな対応が危機をまねく

～お客様の満足追求と会社の危機管理～

クレームの適切な処理は、お客様の満足につながります。
クレームの本質を知り、いざというときに
冷静に対応できるようにしておきましょう。

神様の声も、悪魔のささやきも。クレームの目的はさまざまだ

◆ 正当なものから悪質なものまで

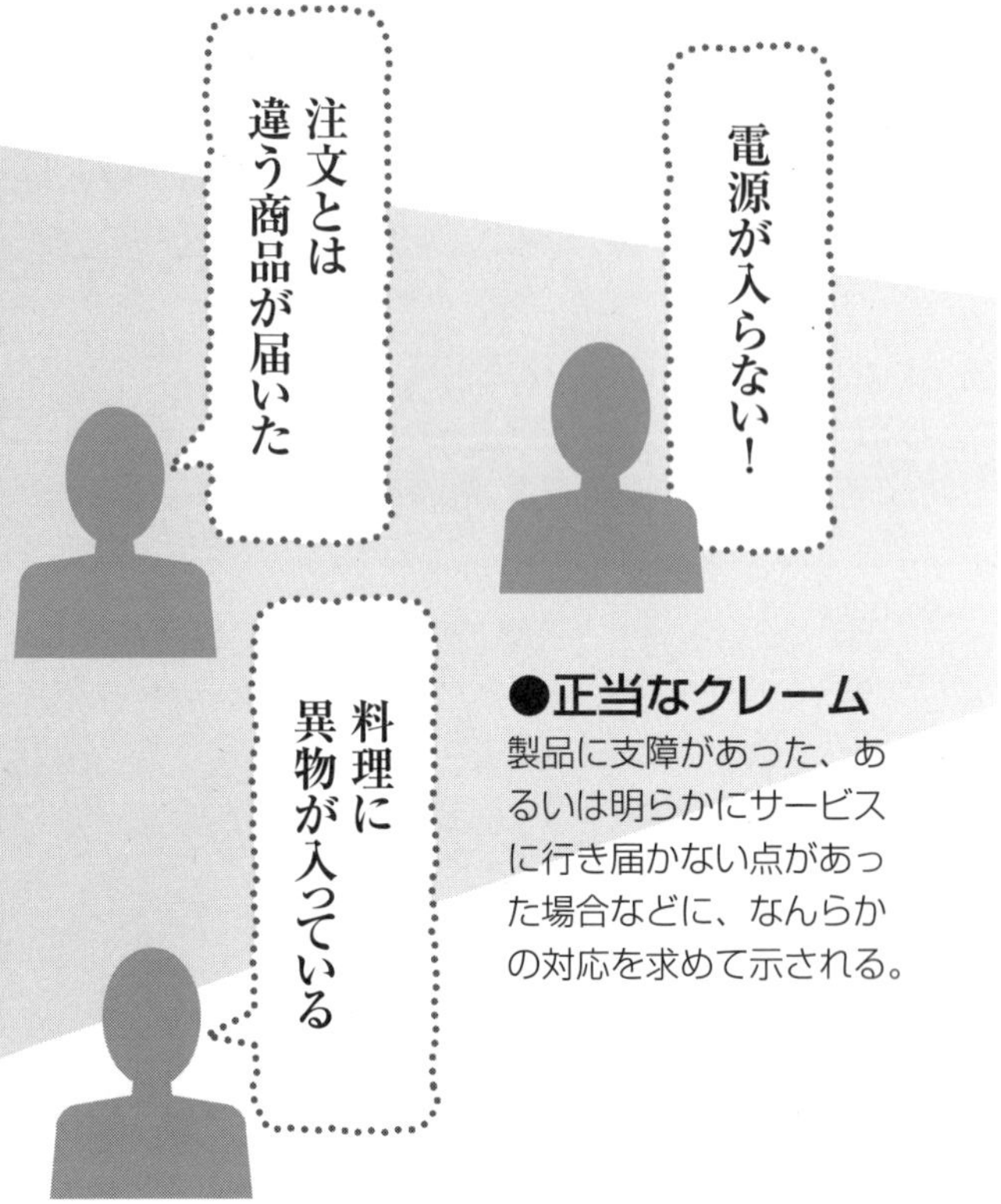
電源が入らない！
注文とは違う商品が届いた
料理に異物が入っている

●正当なクレーム

製品に支障があった、あるいは明らかにサービスに行き届かない点があった場合などに、なんらかの対応を求めて示される。

クレームが起きると、不安やおそれを抱いたり、めんどうだと思う人が多いと思います。

しかし、クレームの大半は、じつは「正当なクレーム」なのです。対価を支払った以上、それに見合っただけのものを得たいと考えるのは当然のこと。お客様は当たり前の権利を主張しているにすぎません。きちんと対応すれば収まるはずです。

ただ、クレームのうち数パーセントほど、簡単には解決できないものがあります。時間をかけて落としどころを見つけることになります。

理不尽な要求をつきつける悪質なクレームの場合、通常のクレーム対応では乗り越えることが困難なこともあります。

だからといって、最初から「悪質

●困難なクレーム

通常の対応をし、説明を重ねても納得してもらえず、なかなか収まらないクレーム。お客様の性格とも関連するのか、さまざまなタイプがある（Part1へ）。

株価があがるか教えて
こっちを見て笑っただろう

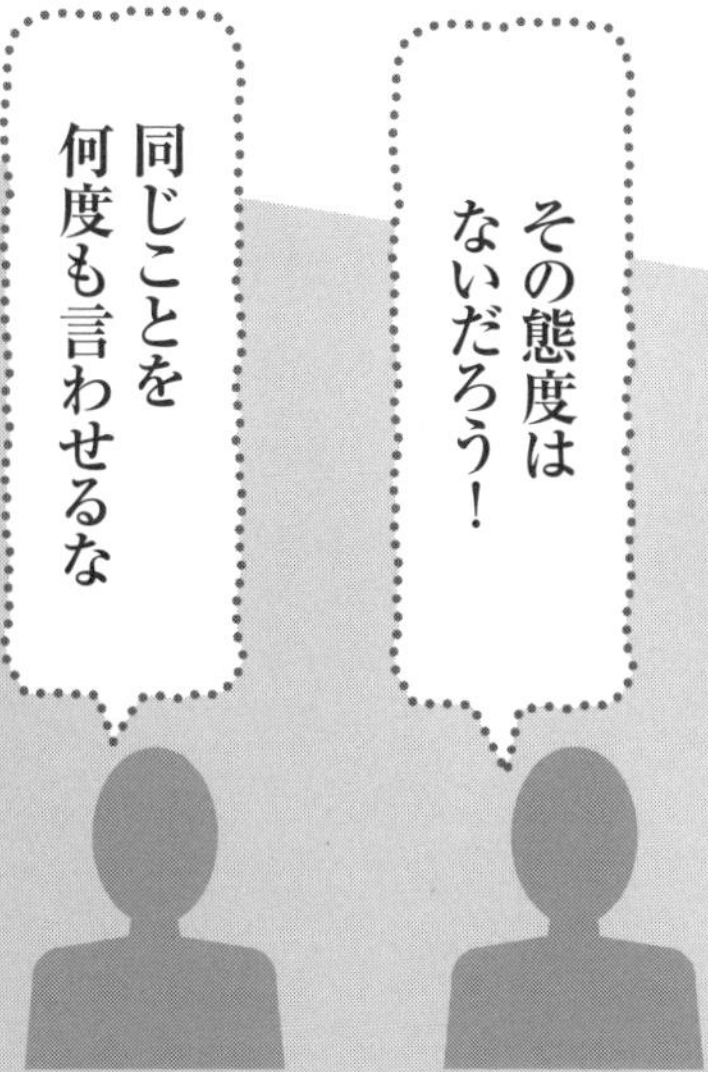
その態度はないだろう！
同じことを何度も言わせるな

●対応ミスからこじれたクレーム

不満を述べたお客様にきちんと対応しないなど、初期対応の不手際からお客様の怒りに火がついて、収まりにくくなってしまったクレーム。

●悪質なクレーム

しつように問題を追及し、暗に金品や特別なはからいを求める。恐喝などの犯罪行為にきわめて近いクレーム（Part5へ）。

誠意を見せろ！
インターネットで流すぞ

だ」と決めつけて対応すると、かえってトラブルのもとになってしまいます。

どんなクレームにも、はじめはお客様の満足を第一に考えて対応することが大事です。

苦情を満足に変えてファンを増やす

◆　対応によってはプラスに働く

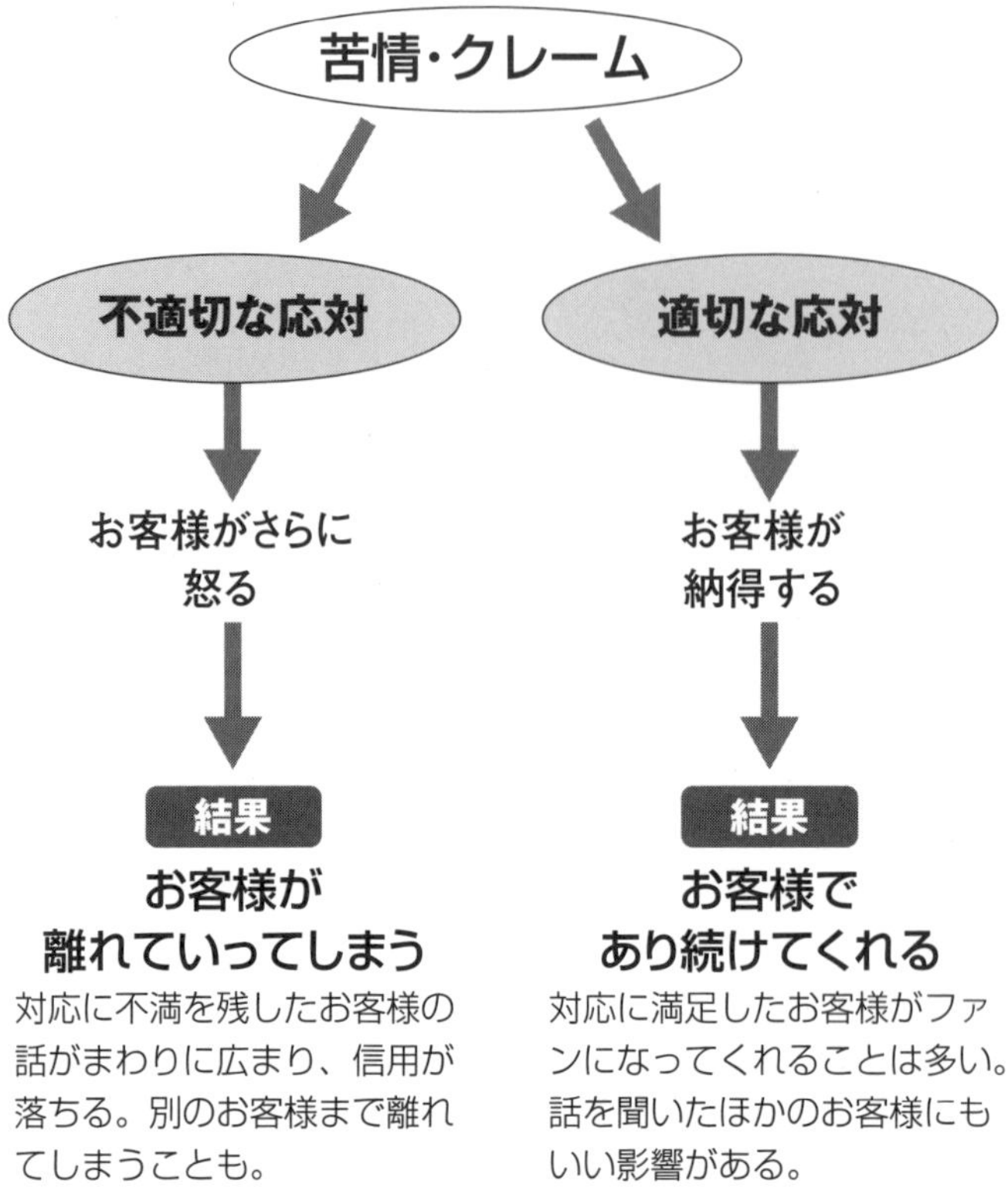
苦情・クレーム
不適切な応対
適切な応対
お客様がさらに怒る
お客様が納得する
結果
お客様が離れていってしまう
対応に不満を残したお客様の話がまわりに広まり、信用が落ちる。別のお客様まで離れてしまうことも。
結果
お客様であり続けてくれる
対応に満足したお客様がファンになってくれることは多い。話を聞いたほかのお客様にもいい影響がある。

クレームは、対応によっては、ファンを増やす絶好のチャンス。

お客様の不満をつきつめていくと、「こうしてほしかった」という期待に行き当たるものです。

その期待に応えることができれば、お客様の不満を解消し、今後も顧客であり続けてもらうことができるのです。

要望のすべてをかなえることは無理でも、お客様の気持ちを受け止め、真摯に対応することはできるはず。そう対応することが、お客様の心に、満足感を芽生えさせます。

「不満」が「満足」に変わったお客様は、ファンになってくれます。ファンが増えれば、口コミで新しい顧客が広がっていくことが期待できます。

ふたりとも正月なのに片付けに駆けつけてくれてありがとう さっきは怒鳴って悪かったな もうしかたないから割れてしまった高級ワインを一緒に飲もう ヤケ酒だよ

トラブルを起こしてしまったときは、逃げないことが肝心。心をこめて対応することにより、誠意が通じることも多い。結果、これまで以上の信頼関係を築ける。

advice

表に出ない「サイレントクレーム」を見逃さない

クレームという形で不満を示すお客様は、ありがたい存在です。問題を指摘し、さらに解決するチャンスを与えてくれたということだからです。

ところが、不満があっても、実際にクレームをつける人の割合は最高でも3％と言われます。お客様の心のなかにある不満を「サイレントクレーム」といいます。本当に怖いのは、このサイレントクレームを見逃してしまうこと。大半のお客様は、不満を感じたら、黙って離れていってしまうからです。

クレームがないのはよいこととはかぎりません。表面化させる努力も必要なのです。

対応の積み重ねが自分と会社を磨く

◆ クレーム処理で成長する

クレーム担当の部署に今日から配属された

自分の成長

仕事に役立つ力が身につく

- **●自社製品やサービスに関する知識**
- **●会社や業界の情報**

クレームを処理していくためには、十分な知識が必要。情報通になる。

●コミュニケーション力

お客様のニーズや心を読み取り、意思疎通を図る力が増す。

●行動力

迅速に応対することが習慣になる。

クレーム対応の仕事は、おうおうにして損な役回りと受け止められがちですが、それはちょっと違います。

担当者はさまざまなクレームへの対応を通して、商品や業界に関する

会社の成長

製品やサービスの向上、ファンの拡大につながる

●製品やサービスの改良

お客様の不満を解消するために工夫することが、製品やサービスの質の向上につながる。

●新製品、サービスの開発

お客様の声と向き合うことで、あらたな製品やサービスの誕生に結びつくアイデアが得られる。

●会社のしくみや組織の改善

従業員の対応や、連絡体制、組織全体のしくみを客観視することになり、改善につなげられる。

●ファンの増加

提供するものや、組織のあり方をあらためることで、お客様の満足を高めることができる。

お客様の声から
生まれたヒット製品も
たくさんあるんだ
「クレームは宝の山」
とも言えるよね

知識、接客力などを磨くことができます。こうした経験と知識は、あなたが将来、営業や企画開発、総務、経理など、さまざまな分野の仕事をするときに役立ちます。

　一方、不満をかかえているお客様の心のうちを聴くことにより、製品やサービスについて、「こうあってほしかった」「ここが問題」という率直な意見がわかってきます。

　つまり、クレームには、製品やサービスの開発、改良に結びつく情報がぎっしりつまっているわけです。クレームが宝の山と言われるのは、そのためです。

　お客様の肉声にふれ、お客様の要望をすくいあげる重要な仕事という自覚をもって、進んでクレームに対応していくようにしましょう。

どうして起こる?

お客様と会社の目線の違いが苦情につながる

◆ 立場が違えば、考え方も違う

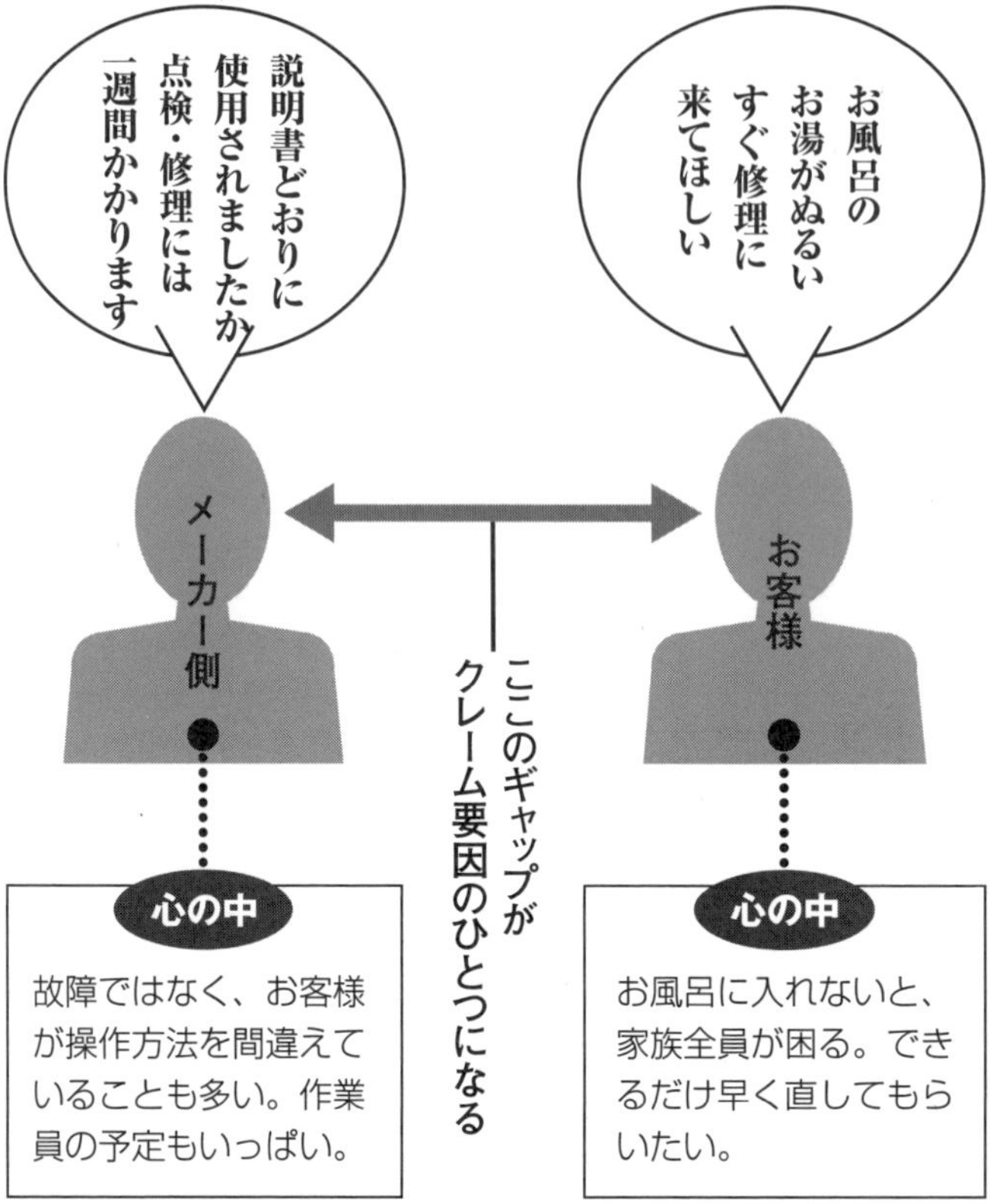
お風呂のお湯がぬるいすぐ修理に来てほしい
お客様
心の中
お風呂に入れないと、家族全員が困る。できるだけ早く直してもらいたい。
ここのギャップがクレーム要因のひとつになる
説明書どおりに使用されましたか点検・修理には一週間かかります
メーカー側
心の中
故障ではなく、お客様が操作方法を間違えていることも多い。作業員の予定もいっぱい。

人の感じ方、考え方は千差万別です。どんな商品やサービスも、すべてのお客様に満足していただけるとはかぎりません。

お客様からのクレームをさけて通ることはできないと思ったほうがいいでしょう。

ここで考えておかなければならないのは、自分たちが提供している商品やサービスは、お客様の目からどう見えているのか、という視点です。

自分たちには当たり前になっていることも、お客様には通用しないかもしれないからです。そうした視点からの検討がない商品やサービスは、お客様にとっては使いにくかったり、わかりにくかったりするものです。これが、お客様に不快感を抱かせるもとになっていることもあるのです。

◆ 立場を変えて考えることが必要

きらびやかなレストランも、従業員にとってはあくまで職場。その空間にいることは当たり前で、特別な日というわけではない。

従業員にとっては毎日のこと

一年に一度だけの
ぜいたくな夜
きわめつけのフランス料理が
食べられるのはうれしいのだけれど
男ふたりっていうのがな……

お客様にとってはたいせつな一日

記念日や、祝いごとなどでレストランを使うお客様にとっては、その日かぎりの特別な時間であり、たいせつな場所。思い入れも強い。

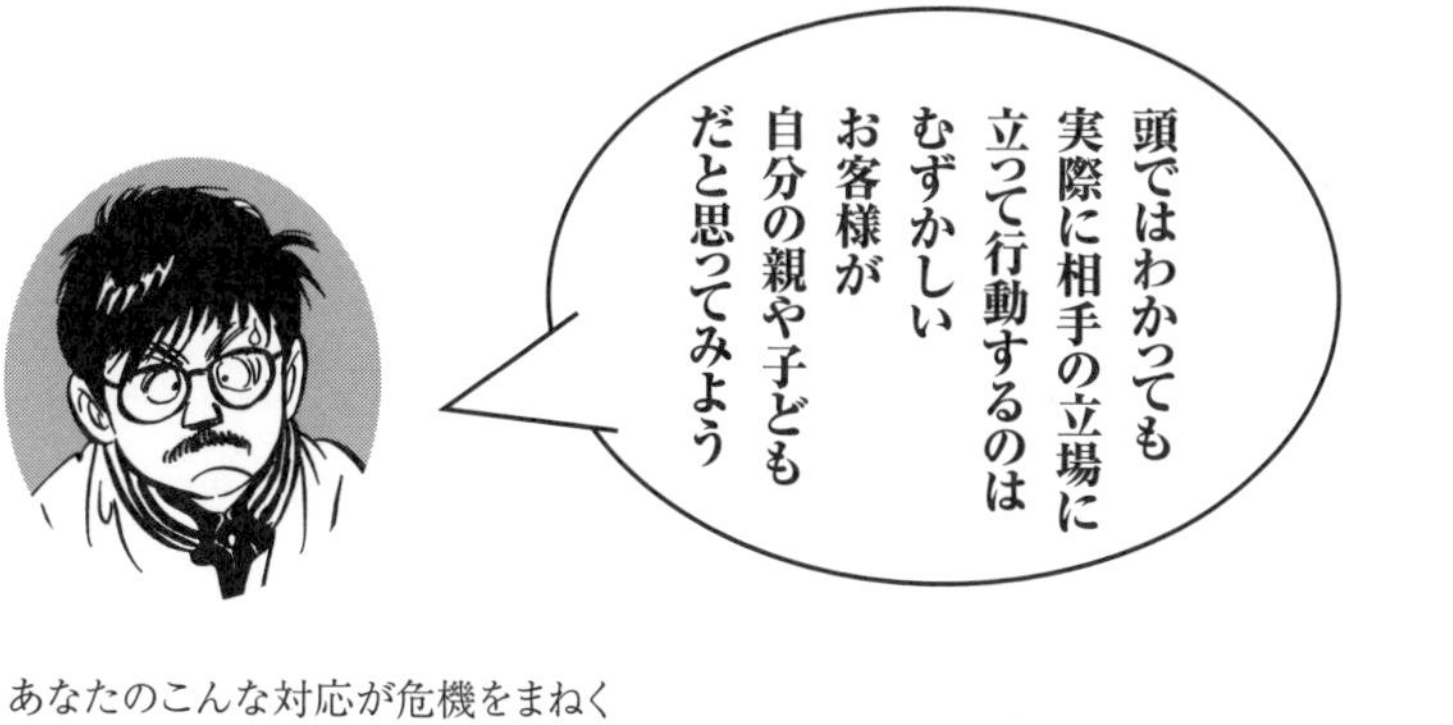
頭ではわかっても
実際に相手の立場に
立って行動するのは
むずかしい
お客様が
自分の親や子ども
だと思ってみよう

期待や思い入れがあるほど不満も大きくなる

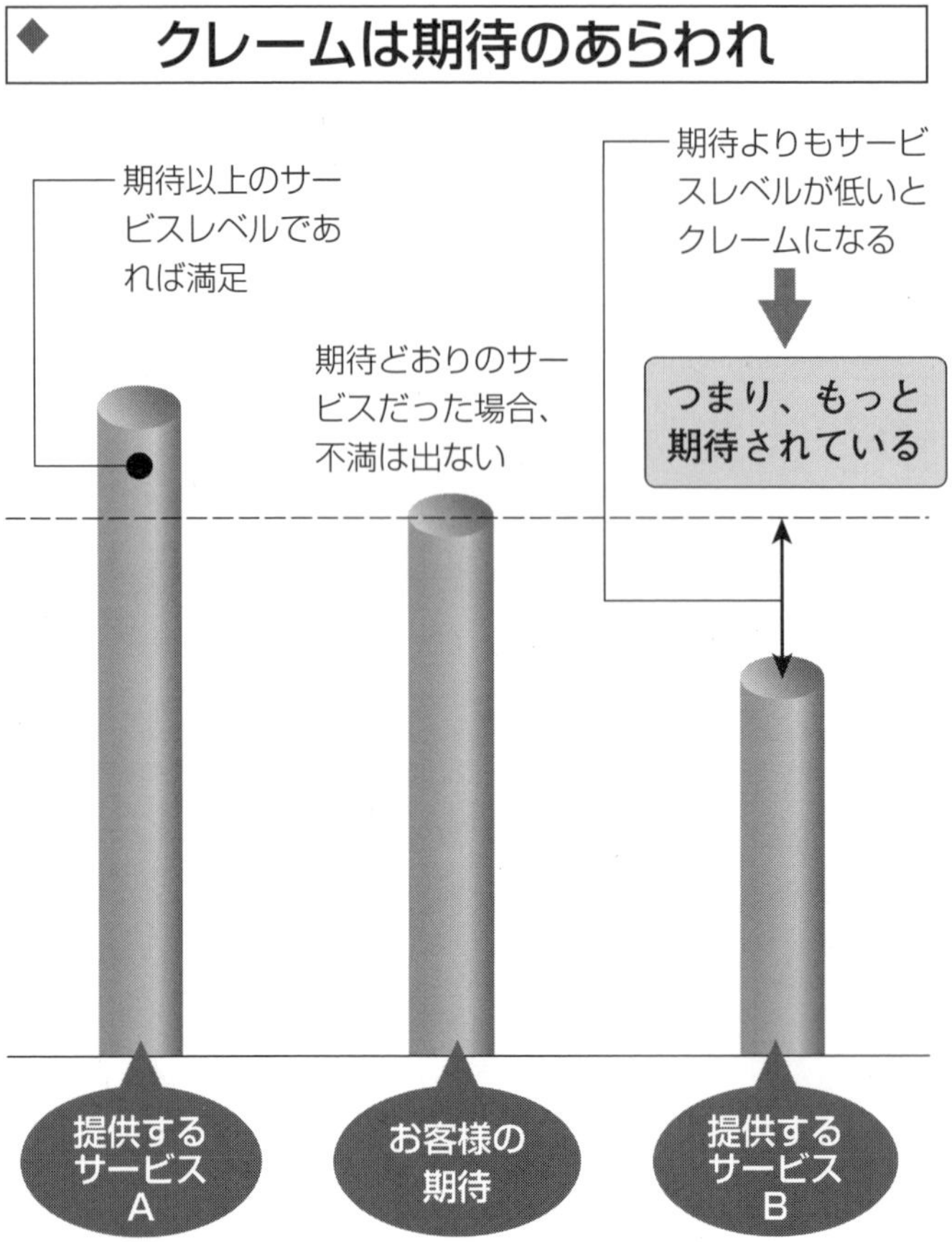
◆ クレームは期待のあらわれ
期待以上のサービスレベルであれば満足
期待どおりのサービスだった場合、不満は出ない
期待よりもサービスレベルが低いとクレームになる
つまり、もっと期待されている
提供するサービスA
お客様の期待
提供するサービスB

クレームは、お客様の「期待を裏切られた」という思いから発生します。「値段に見合ったものであってほしかった」「客としてたいせつに扱ってほしかった」――思いの形は違っても、製品やサービスに対する期待の大きさという点は共通しています。

お客様は期待していたからこそ、「実際には違った」と感じたとき、不満をぶつけたくなるのです。「ここの商品はこんなもの」「この店に文句を言ってもダメ」と見限られているなら、クレームは発生しません。

つまり、クレームは、期待が寄せられていることの証なのです。お客様の期待に応えるためにも、きちんと受け止め、対応していくことが大事です。

そんなに
怒らないでくれよ
ついうっかり
結婚記念日を
忘れただけで
離婚だなんて……

期待を裏切ると、謝るだけではすまない!?

思い入れが強いほどクレームも起こりやすい

病院

命を助けてほしい、健康を取り戻したいという切実な願いが寄せられる場。

不動産

一生に何度もない大きな買い物というケースが多く、思い入れも強い。

レジャー関連

レジャー施設の利用、記念写真の撮影などは、思い出づくりの要素が強く、やり直せない。

◆ クレームがないのはかんちがい!?

かんちがい①

情報がトップまであがらない?

トップがクレームをやっかいなもの、現場の責任、個人の問題などと考えている場合、担当者レベルで処理されたり、隠されたりしがち。情報が社内に行き届かない。

かんちがい②

クレームと気づいていない?

クレームを「言いがかり」として捉えたり、意見をくださるお客様を「困った人」「変な人」という目で見たりしていると、クレームとして認識されない。

かんちがい③

サイレントクレーマーが多い?

同じような不満をかかえていても、実際にクレームをつける人の割合は少ない。口にしないだけで不満を感じているお客様(サイレントクレーマー)のほうがずっと多い。

どうして起こる?

悪意を抱いたクレーマーがまぎれていることがある

クレームが起きたら、お客様に不快な思いをさせてしまったことを率直に謝り、お客様の話に耳を傾け、誠実に対応する——これがクレーム対応の基本です。

どんなクレームでも、顧客満足をたいせつにする対応を続けていけば、たいていは解決の糸口が見つけられるものです。

けれどなかには、お客様がまったく聞く耳をもたず、強面に出、ひたすら不当な要求をつきつけてくることがあります。

わざと困らせようとしたり、詐欺まがいのクレームをつけるようなケースもあります。

通常のクレームとは違い、お客様をよそおい、悪意をもってクレームをつけることもあるのです。

◆ 誠実に対応しても通じない

いくら誠実に対応しても通じないだけでなく、
金銭要求や特別扱いなどの不当な要求をする。

↓

悪質なクレーマーの可能性も

見た目や態度だけではわからない

↓

悪質クレーマーを見分ける方法は、P.132へ。

明らかに
悪質だと判断が
できるまでは
ふだんどおりの
クレーム対応を
しよう

◆ 悪質クレーマーにつきあい続けると……

ほかのお客様に応対する力がそがれる

悪質なクレーマーも顧客には違いないが、ひとりを特別扱いすると、ほかのお客様への応対が手薄になり、多数の方方に迷惑をかけてしまう。

自分も会社も疲弊してしまう

悪質なクレーマーの際限のない要求への対応に苦しみ、担当者は精根尽き果ててしまう。要求に屈してしまうと、会社自体も揺さぶられることに。

クレーマーを調子にのせてしまう

要求し続ければ、利益が得られると味をしめたクレーマーは、どんどん悪質化していくことに。より困難な要求をつきつけられることになる可能性も。

こうしたクレームは会社を危機に追い込む危険があります。通常の対応だけでなく、危機管理を優先した対応も考える必要があります。

悪質クレーマーが相手なら対応を変える→P.134へ。

ブレイクタイム

ストレスをためないで上手につきあう

もくもくと体を動かしているとなんだか気持ちがいいなもっと洗うお皿ないの？

皿洗いなどの単純作業を無心に続けることが、ストレス解消になることも。

クレーム対応によるストレスを減らすために、仕事を変えることはむずかしいでしょう。また、ストレスのためにお客様にいい加減な対応をすることもできません。

そのため、仕事以外の時間を使って、いかにストレスを解消するかがたいせつになってきます。

お風呂にゆったりつかる、十分な睡眠をとる、ストレッチをする、好きな音楽やスポーツ、食事を楽しむなどして、積極的に心と体の緊張をゆるめます。

自分なりのストレス解消法を見つけることがたいせつです。

Part 3

まず謝罪。冷静に聴き、誠実に応対する

～クレーム対応の基本～

対応の流れを知り、謝罪のしかた、
話の聴き方、訪問、電話、メールのしかたなど、
クレーム対応の基本を身につけましょう。

はじめにどう応対するかがもっともたいせつ

◆　クレームが起こるまえに

知識・情報を充実させる

お客様からの質問に答えられるよう、商品やサービスについての特徴や性能、原材料、使用方法、安全性などの基本情報を頭に入れておく。類似商品や業界情報についても知っておきたい。

マニュアルをつくる

お客様から寄せられた問い合わせやクレームをもとに、想定問答集や対応マニュアルを作成する。日常の業務を通してこまめに見直し、マニュアルを改良し続ける。

サポート体制を整える

自分だけで対応しきれないときは上司や会社がフォローしてくれる、という安心感が対応に自信を与える。クレーム対応者をサポートする体制をつくっておく。

モチベーションを高める

「いやだ」「クレームがこないでほしい」と思っていると、いざというときの対応が出遅れてしまう。クレームを前向きに受け止め、進んで対応するよう心づもりを。

病気は、早期発見、早期治療がたいせつと言われますが、クレーム対応も同じように、はじめが肝心。事前準備と初期対応、このふたつは、クレームをスムーズに解決するために欠かせません。

　事前準備でなによりたいせつなものは、クレームを受けたときにあわてない心がまえです。前向きに、モチベーションを保つことが、臆することなくお客様のクレームに対応するには必要です。

　一方、初期対応で重要なことは、その場で、心をこめて、スピーディにお詫びをすること。謝罪の言葉を忘れたり、後まわしにしたことによって、単純なクレームが大騒動になったり、長引いたりするケースは、意外と多いのです。

火災の原因は
出火現場の
状況から焚き火と
考えられます
初期消火の遅れが
被害拡大の
要因でしょう

屋外で火を使うときには、あらかじめ、燃えやすいものがないか確認する。もしものときに備えて、消火用の水を用意したり、消火器の使い方を知っておくことも、たいせつ。クレーム対応も同じだ。

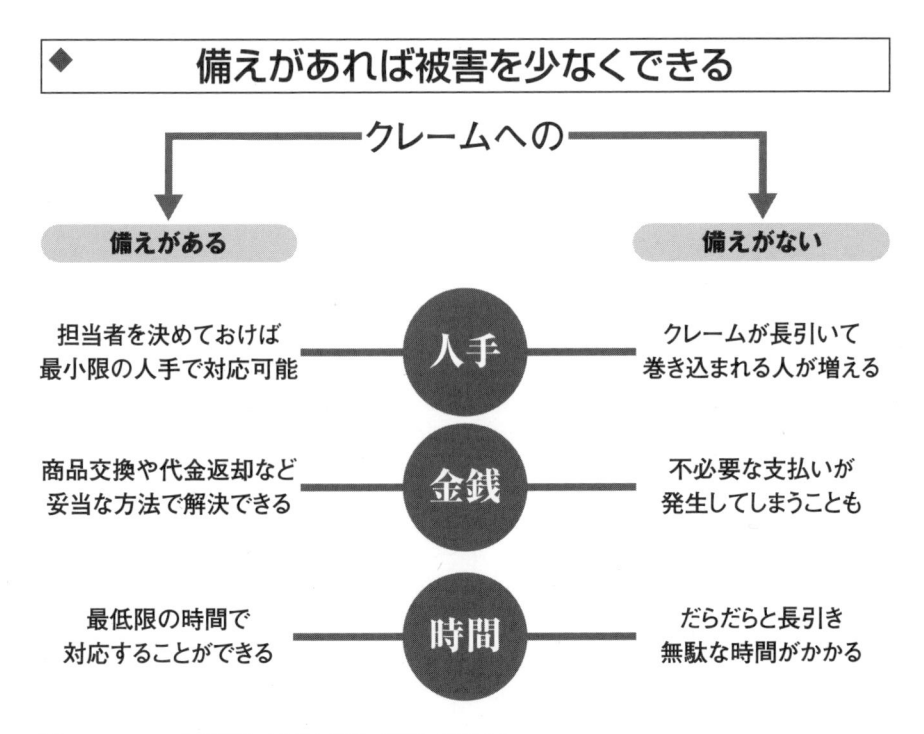

◆ 備えがあれば被害を少なくできる

クレームへの

備えがある		備えがない
担当者を決めておけば最小限の人手で対応可能	人手	クレームが長引いて巻き込まれる人が増える
商品交換や代金返却など妥当な方法で解決できる	金銭	不必要な支払いが発生してしまうことも
最低限の時間で対応することができる	時間	だらだらと長引き無駄な時間がかかる

お客様には「公平公正」に。ひとりを特別扱いしない

◆ 差がないように注意する

対応するタイミング

大声で怒鳴りつけてくるお客様にはすぐ対応するのに、やんわりと苦情を申し出る人を待たせるようでは不公平だ。スピーディな対応はクレーム対応の基本。いつでも、すぐに対応するよう心がける。

接するときの態度

お客様の性別や年齢、国籍などに関係なく、だれに対してもていねいに、誠実に接する。小さな子どもには、かがんで目線をあわせるなど、相手にあわせた配慮がたいせつ。

補償する内容

クレームに対して、謝罪だけか、製品の交換や代金の返却も可能か、金銭補償が必要なのか、その場合の条件や金額設定の方法など、判断基準やルールを設けて、対応が公正になるようにする。

お客様に対して「公平、公正」に対応する――これはサービスの基本。苦情を寄せるお客様に対して、見た目や年齢、持ち物などで、接客に差をつけることがあってはなりません。

たとえば、製品の構造上の不具合から冷蔵庫が故障して使えなくなったお客様がいたとします。

あるお客様には、返品をしてもらい、修理点検に2週間待ってもらう。別のお客様には、すぐにとりに行き、修理点検の間、代替品を用意、お詫びの品まで渡す。こうした不公平は、前者のお客様にとっては、たいそう不愉快な対応です。

特定の人にだけ利があることは、誠実ではありません。お客様の物腰や年齢、持ち物などによって、特別扱いをしないように。

◆ 特別扱いがバレると問題に

USHIBA ELECTRIC CO.LTD
購入者全員に同じ補償をしろーッ
購入者全員に同じ補償をしろーッ 差別対応を許すなーッ

特別扱いの対応があったことが表に出ると、大問題になることも。多くのお客様に同様の補償をすることになると、大損害に。企業イメージも大幅にダウンする。

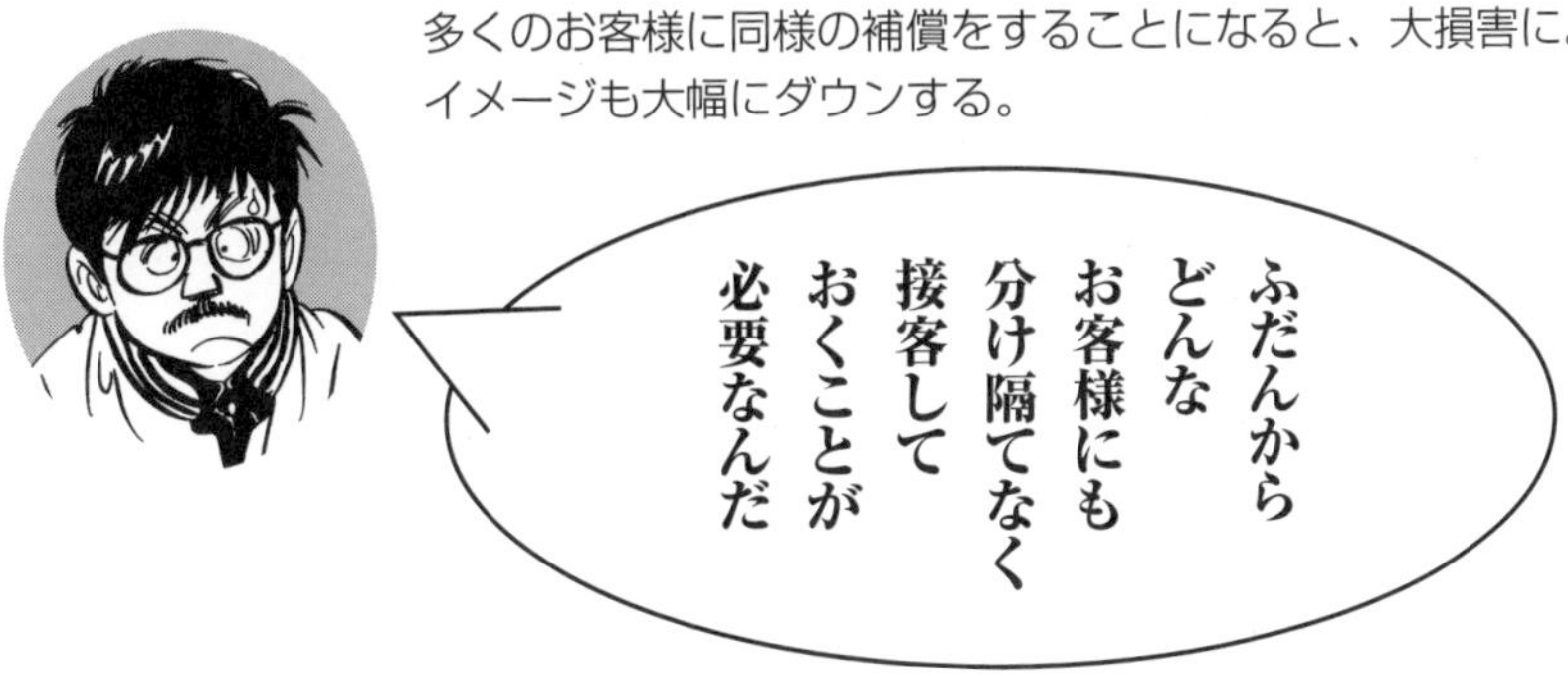
ふだんからどんなお客様にも分け隔てなく接客しておくことが必要なんだ

スピード解決よりもスピード対応をめざす

◆ 解決を焦る必要はない

急いで結論を出そうとする
「早く終わらせたい」気持ちがあると、ていねいに対応できなくなりがち。腰をすえて取り組む。

応対を間違え、お客様が怒る
焦ると粗雑な対応になりやすい。お客様の怒りのボルテージをさらにあげてしまうことに。

ますます焦って悪循環に

解決をせかしてパニックにさせることで、要求を通そうとする悪質なクレーマーもいる→P.38へ。

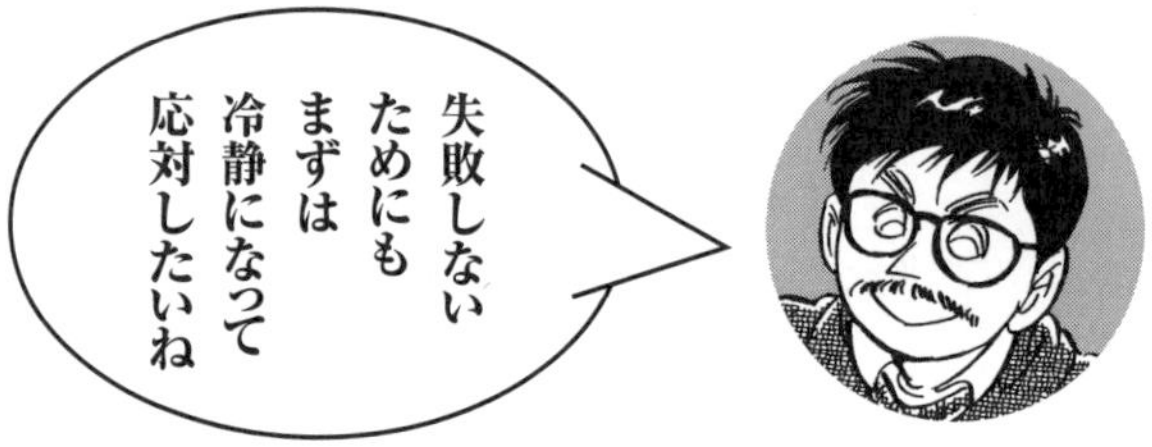
失敗しないためにもまずは冷静になって応対したいね

クレームは、お客様が自分の時間をさいて、手間をかけて伝えてくださる貴重な意見です。お客様のたいせつな時間をいただいている以上、すばやい対応が求められていることを、認識しておきましょう。

その場しのぎのいい加減な対応でお客様に時間の浪費と感じさせるようなことがあると、火に油を注ぐことになりかねません。「今すぐ結論を出せ！」と、さらなるクレームを生むこともあります。

ただ、ここで注意しておきたいのは、「すばやい対応」と「すばやい解決」が、イコールではないということです。すばやい対応は誠実と言えますが、すばやい解決はつねに誠実とはかぎりません。解決を急ぐあまり、話をじっくり聴かなかったり、

◆ 誠実なのはスピーディな対応だ

1 クレームがきたらすぐに応対する

返事が早すぎてクレームになることは、まずない。お客様からなにかアクションがあったら、すぐに応える。応対までの時間があけばあくほど、お客様のイライラはつのってしまう。

2 解決に時間がかかるならば途中経過を報告する

お客様が「待たされている」と思ってしまうと、次のクレームになる。そう感じさせないために、早めに、こまめに途中経過を報告する。気配りもスピード対応のひとつだ。

なんの連絡もきていないぞ
いったいどうなっているんだ!!

せっかくスピーディな初期対応をしても、途中でお客様を放置するような状態になると、すべて水の泡になってしまう。

事実確認がおろそかになってしまうこともあるからです。

また、なかには「もう待てない！」と解決を迫り、金品をせしめようとする悪質なクレーマーも見受けられます。解決を焦って自己判断したために、会社が不利益をこうむるケースもあります。

個人の判断で解決を急ぐのではなく、組織全体でじっくり対応するようにします。

対応のステップ

お客様の不満を解消するために努力する

1 謝罪する

不快な思いを抱かせてしまったこと、それを伝えるためにめんどうな思いをさせたり、時間をとらせてしまったことに対して、まずはお詫びする。

2 話を聴く

しっかり耳を傾け、なにに対するクレームなのか、なぜ不満に思っているのか、どうしてほしいと思っているのかなど、お客様の考えを理解するよう努める。

こうして何通も
手紙を書いたのに
一度だって
返事はこなかった
どうしてなんだ

クレーム対応の流れは、どんな場合でも変わりません。お詫び↓話を聴く↓事実を確認する↓できる範囲で対応する、この流れにしたがって、お客様の不満解消に努めれば、ほとんどは、そうこじれることなく解決できるはずです。

「変な人」「言いがかり」などという先入観があると、態度ににじみ出てしまいます。その結果、対応の流れが滞り、解決できるクレームも、解決しにくくなってしまいます。

相手がどんな人であっても、また自分たちに非はないことが明らかでも、基本の流れにそった対応をすべきです。「これは悪質なクレームだ」と判断された（判断のポイントは132ページへ）場合に、はじめて対応を切り替えればよいのです。

3 事実を確認する

クレームが発生した原因や状況などについて、お客様の話から浮かび上がってきたことを整理して正確に把握し、事実関係を確認する。

4 解決策を提示する

会社側に落ち度がある場合は、謝罪したうえで、交換、返金など個々のケースに応じた解決を図る。落ち度がない場合には、納得していただけるよう、ていねいに説明する。

解決しない場合は……

きちんと対応しても、お客様に納得してもらえず、理不尽な要求が続く場合には、悪質なクレームの可能性も考える。ていねいに、かつ毅然とした態度で要求に屈しないようにする。

解決した

5 社内で情報を共有する

クレームの内容や発生状況、問題が発生した原因はなにか、どんな解決策をとったかなどという情報は、担当者や上層部だけでなく、現場のほかの人間にも伝えるようにする。

6 再発を防ぐ

同じようなクレームが二度とくり返されないように、クレーム内容から現状の問題点をひろい出し、改善すべき点は改善していく。

悪質なクレームへの
対応方法は
Part5で紹介しよう

相手が抱いた不快感に対して心からお詫びする

言葉が自然と出てくるように声に出して練習する

すぐにお詫びをしようと心がけていても、いきなり目のまえでクレームが起こると、とっさに声が出てこないものだ。声に出してお詫びの練習をし、体に覚え込ませておく。

それは失礼しました
どうかご容赦ください
心から
お詫び申し上げます
ガタタ
ペコ
ペコ

ペコペコと頭を下げるのはNG。深く一度頭を下げる。

おなかにグッと力を入れて心をこめて頭を下げる

いくら言葉で謝っても、態度がともなっていないとお詫びしているようには見えない。むしろ、「口先だけ」と思われてしまう。おなかに力を入れて、心から深々と頭を下げる。お辞儀の前後に相手の目を見ることも忘れずに。

先入観があると謝罪の言葉は伝わらない

「こちらに落ち度はない」「いちゃもんだろう」「暴力団かも」……こんな先入観があると、謝罪の言葉が相手に届かないもの。不快感を抱かせてしまったことに対しては素直に謝罪する。

◆ まず伝えたい謝罪の言葉

「誠に申し訳ございません」

「大変失礼いたしました」

「どうもすみませんでした」

「心からお詫び申し上げます」

「お恥ずかしいかぎりでございます」

「深く恐縮いたしております」

状況や相手にあわせて謝罪の言葉をえらぶ。次のページへ。

「誠に遺憾に思う」は謝罪の言葉になる?

「遺憾」……思ったような結果が得られず、心残りだ、残念だという意味。謝罪すべきときに使われるケースもあるが、謝罪と受けとめてもらえないことも多い。使わないほうがいい。

電話でも、メールでも
お客様の目のまえでも
まずは謝罪からだ

不満を口にするお客様は、怒りに燃えています。まず謝罪をしてお客様の怒りを静めなければ、話は進まず、クレームが拡大するおそれがあります。つまり、クレーム対応はお詫びからはじめるのが鉄則なのです。

安易に謝ると、非を認めたことになり、相手につけ入るすきを与えるのではと危惧する人もいるかもしれません。しかし、この謝罪は非を認めたということではなく、お客様を不快にさせてしまったことに対する謝罪なのです。謝ったからといって全責任を負うと確約したわけではありません。

こうした理論武装をしておけば、「謝ったのだから、責任をとれ」と言われたらどうしよう、などと案ずることなく、お詫びできます。

相手の気持ちや状況にあわせて言葉をえらぶ

◆ 気遣う心を言葉にする

お客様

「そちらのおもちゃで遊んでいた子どもが手を切ったわ!」

お客様は不安と怒りをかかえている。

スタッフ

「お客様、お子様のおけがの具合はいかがでしょうか?
大変な思いをさせてしまったようで、誠に申し訳ございません」

第一に相手の状況を配慮する
けがをしたのが自分の家族や友人だったら、まずは気遣う言葉をかけるはずだ。

相手の気持ちをくんで、お詫びの言葉を続ける。

いくら謝罪しても、お客様の怒りが収まらない、ますます怒り出してしまうケースもあります。これは、「不快にさせて申し訳ない」という気持ちが伝わっていないと、考えられます。自分では謝っているつもりでも、お客様がそう思わなければ、謝っていないのと同じことです。

　気持ちを伝えるためにたいせつなのは、想像力。お客様の身になって気持ちを推し量ることで、お客様に共感しながら謝罪するのです。

　また、お詫びの言葉のすぐあとに、「ですが」「ただし」とつけくわえるのはよくありません。せっかくの謝罪が、言い訳の前置きになってしまうからです。

　お客様に謝罪を受け取ってもらってから、話を進めるようにします。

◆ 苦情の理由を思いやる

**「ご不便を
「ご負担を ＞おかけしてしまったようで～」**

お客様が使用している製品が故障した場合や、サービスが行き届かないために、不便や負担をかけてしまった場合などに使うといい。

**「大変な
「ご不快な ＞思いをさせてしまったようで～」**

ひどく立腹していたり、怒りをぶちまけていたりするお客様には、その気持ちに共感してお詫びの気持ちを示す。

「お時間をとらせてしまい～」

いそがしそうにしているお客様や、「ほかの予定に遅れてしまう」「時間がない」などの発言があったお客様には、とくに使いたい。

「ご不審を抱かせてしまったようで～」

もともと信頼があったものに不具合があると、「信じていたのに」「どうして」などとクレームが起こる。こんなときに有効。

「せっかく当社の製品をお使いいただいたのに～」

「期待を裏切られた」と思っているお客様には、製品を購入してもらった感謝の気持ちと一緒に、お詫びの言葉を伝えたい。

自分の気持ちをわかってくれた、と相手に思わせることができれば、冷静に話し合える。

態度をチェック

立ち居振る舞いや身だしなみを見直す

表情

クレームを受けているとき、笑顔はよくない。神妙な顔をして、お客様とアイコンタクトをとる。深刻すぎて怖い表情になったり、見つめすぎたりしてもよくない。

姿勢

背すじを伸ばしてまっすぐに立つ。手は自然と脇におろすか、まえで軽く重ねるようにする。すわるときは、背もたれに寄りかからないようにし、手はひざの上に置く。

服装

スーツなどきちんとした服装で、落ち着いた色のネクタイをえらぶ。ヘアスタイルや化粧は、相手に不快感を与えないよう品よくまとめる。

クレームは接客中に起こることもあれば、電話やメールで寄せられることもあります。クレームの内容によっては、お客様を訪問する必要も生じるかもしれません。

いずれにしても、お客様と対面しているときは、言葉以上に気をつけたいことがあります。

相手に与える印象のうち、話の内容が寄与する割合は1割弱、印象の5割以上は態度で、4割弱は声の調子で決まるという「メラビアンの法則」といわれるものがあります。お客様に接するときは、顔の表情や姿勢、話し方に細心の注意を払うことが必要になるのです。

全身からかもし出される印象は、急に変えられるものではありません。ふだんからの心がけが重要です。

Bad

ねちねちと言いやがって……

姿勢

だらしなく立ったり、ポケットに手を入れながら話をする。すわるときも背中が丸まっていて、背もたれに寄りかかっている。足を組んだり、腕を組んだりして横柄な態度をとる。

服装

お客様よりもカジュアルな格好や、派手な色柄のスーツ、ネクタイやシャツ。目立つ貴金属をジャラジャラつけたり、キツイにおいの香水をつける。

表情

へらへら笑い、キョロキョロと目を泳がせたり、目をそらしたりする。なにを考えているのかまったくわからない無表情で対応する。

気づかないうちに悪印象を与えていないか?

爪をかむ、髪をさわるなど、自分では気づかないクセで、お客様に悪印象を与えてしまっていることも。身近な人に確認してもらうといい。

印象の悪いしぐさ

- 腕を組む
- ポケットに手を入れている
- 髪やネクタイなどをさわる
- 握りこぶしを机に置く
- 貧乏ゆすりをする
- 相手の目を見ない、見つめすぎる

advice

おだやかな口調でていねいな言葉遣いを

緊張のあまり小声になったり、焦るあまり早口で話したりすると、お客様が聞き取れません。

話をするときは、お客様の声の大きさやスピードを参考にして同調するのもひとつの方法です。もちろん、怒鳴り声にあわせてはいけません。言葉をえらび、まわりくどくならないよう、おだやかに話すようにします。

話を聴くだけで解決することもある

クレームをつけるお客様の心の中には、怒りだけでなく不安や疑いなど、さまざまな感情が隠されています。お客様に触発されて、こちらまで感情的になってしまっては、解決策をさぐることができません。

「話が違う」「どうなっている」などという言葉の背後にあるお客様の本当の気持ちを理解することが、満足してもらえる対応をはじめて可能にするのです。

お客様の気持ちを理解するための方法はただひとつ。お客様の話をじっくりと聴くこと。これに尽きます。

ここで注意してほしいのは、漫然と「聞く」だけでは不十分だということです。言い訳や反論を差し控えるのは当然ですが、聞き流しているだけでは真意をつかめません。

◆ 聴く姿勢を見せるためには

あいづちをうつ

あいづちやうなずきが、傾聴していることを伝える。きちんと「はい」と答えることが肝心。「お前のせいだ」などの言葉のあとにうなずかないよう、タイミングには注意を。

共感する

お客様の言葉をくり返したり、つらい気持ちに共感したりすることが、お客様の心を開く。話を聴いてもらった相手に対して、好意を抱くこともある。

メモをとる

日時や数量など、ポイントを記録しながら話を聴く。お客様が強調している点を書き留めることで、この担当者はなにが重要なのかわかっている、と思ってもらえる。

やりすぎると
嫌味に見えるから
さりげなく、だよ

◆ カッとなるのはもってのほか

✕ 感情的に答えてしまう

「お前のせいだ」「バカヤロウ」などと感情的に怒鳴られても、冷静に受け止めるよう心づもりをしておく。お互いに感情的になっては、解決に向けて話を進めることができない。

✕ 反論してしまう

話を聴き終えるまえに、「それは違います」などと口を出すのは厳禁。最後までお客様の話を素直に聴くことができないのは、自分は間違っていないと思っているからかも。

いい加減に
しておくれ
いくら私でも
もう我慢できないわ

✕ 言い訳をする

お客様の話をさえぎって、言い訳をするのは、きちんと話を聴いていない証拠。まずは最後まで話を聴いて、きちんと咀嚼したうえで、言いたいことがあったら、話すようにする。

相手の話を傾聴する、しっかりと「聴く」姿勢が求められていることを、忘れないようにしましょう。

不満を伝えることで、それが受け止められたことに満足を覚えて、それ以上の要求をしないお客様も少なくありません。

advice

無表情は、聴いていないように見える

うなずきながら、「はい」「おっしゃるとおりです」と答えても、無表情でいると、お客様は「話を聴いていない」「なにを考えているのかわからない」と思います。

言葉と表情が一致していないと、聞いている側は、違和感を抱いたり、不安に駆られるもの。口にしている言葉と表情にズレがないよう注意が必要です。

よく聴く

事実関係を確認しながらお客様のことも知る

Check 1 事実を確認する

いつ?(日時)　どのくらい?(程度)

どこで?(場所)　どうしたか?(結果・現状)

なにが? だれが?(対象)

お客様の気持ちに配慮しながら、たとえば、「長い時間パソコンが動かない」のは何時間程度なのか、「ひどく熱い」のは手でさわれないくらいなのか、「けがをした」部位や症状の程度、また診断書はあるのか、具体的に確認する。

こちらから尋ねるときはワンクッション入れる

「恐れ入りますが、〜」

「さしつかえなければ、〜」

お客様に、「私の話を信じていない」「疑われている」などと感じさせないよう、謙虚な姿勢で質問する。質問のまえに上のような言葉をはさむと、表現をやわらげることができる。

なれなれしい
口調での質問や
取り調べのような
質問にならないよう
気をつけて

いったい
どんな人なんだろう

Check 2　お客様の目的を明確にする

どうしてほしいのか？（目的）

どんな対処をしたら、お客様に納得してもらえるか、答えのヒントは、お客様の話のなかにある。不満の本当の原因が、製品自体なのか、接客態度なのか……、話を聴きながら、それをさぐる。

Check 3　お客様についての情報を集める

世代（年齢）
口調
態度・表情
服装
知識量　など

話の中身や様子から、どのようなお客様か推測する。常連のお客様なのか、提供した製品やサービスに詳しいか、などがわかれば、お客様に、より適した説明や対応ができる。また、お客様の連絡先をかならず確認する。

お客様
「まえに来たときよりも、味が薄いんじゃないか？」

以前にも来店して、同じものを注文してくれていることが推測できる。

話を最後まで聴かずに、理解したつもりで行動に移してしまう人がいます。これでは、自分勝手に話を捉えたり、わかったつもりで見当違いな対応をしたりして、さらなるクレームを招くことになります。

最後まで聴くほかに、要点を捉えながら聴くことがたいせつ。上にあげたチェックポイントを参考に、情報を整理しながら、聴くようにします。

話のあとに、あいまいな点を確認し、大事なポイントは復唱します。「とても」「長い間」などの表現は、数字で確認したり、表現を置き換えて、互いの認識をすりあわせます。事実関係を正確に知るために、実際に現場や現物を確認することが必要になることもあるでしょう。

経緯を正確にメモして「言った言わない」をふせぐ

記録の活用方法はいくらでもある

記録があれば、スタッフ間で情報を共有することができる。また、クレームの発生原因などが見えてくれば、改善につなげることができる（P.110へ）。

来店や電話、メールなど、クレームが届いた手段を記しておく。

電話で連絡してよい時間帯や、電話よりメールのほうがよいなど、お客様の都合を確認しておく。

お客様とのやりとりだけでなく、関連機関などとの連絡、報告なども記録する。

使いやすい
フォーマットを
作成しよう

真摯に話を聴いて、誠実に対応をしたのに、あとから「そんなことは言ってない」「そんな話は聞いていない」などと、お客様に言われてしまうケースは少なくありません。

互いに悪気がなくても、時間がたってしまうと、忘れたり、かんちがいしてしまうことがあります。

こうした言い争いでクレームが泥沼化するのをふせぐには、お客様が話した内容、こちらが話した内容、その日時などを、正確に記録しておく必要があります。

また、クレームを上司に報告したり、ほかの部門に引き継いだりするためにも、対応の記録は不可欠です。記録を見れば、だれでもすぐわかるように、組織ごとに使いやすいフォーマットを作成しておくと便利です。

対応表フォーマット例

クレーム対応表

受付日時	年　月　日　時　分	担当者	
受付手段			
お客様（お名前） （ご連絡先） （ご住所）		（連絡手段のご希望）	
クレーム内容		お客様の要望	
経過 （日時）	（内容）		
結果			
連絡事項等			

事実を細かく記録する。印象などの主観的なものは、事実と別にして記しておく。製品に対するクレームであれば、その購入日や製造日、期限表示なども記す。

文書などのやりとりで決着した場合は、複写も一緒に保管する。

今後の引き継ぎや、関係各所への報告、注意喚起などについて記す。

具体的な解決策を示して感謝で締めくくる

◆　解決には原状回復と公平がカギ

1　修理する、やり直す
製品の故障や、サービスの不備が原因なら、製品を修復したり、サービスをやり直すことで、あるべき状態へ戻す。

2　交換する
製品が不良品だったり、手違いで別のものを渡してしまったような場合は、それと引き換えに、正しいものを渡す。

3　返金する
修理や交換ができないものや、返金が可能でお客様が求めているようなケースについては、返金することでフラットな状態に戻す。

4　金銭補償する
製品の欠陥によりお客様がけがをしたり、名誉や財産を損なうような場合は、治療費の支払いや、損害賠償をする可能性も（金銭とはかぎらない）。

だれに対しても公平に。常識的な範囲内で

お詫び→傾聴→事実確認の手順を踏んだら、いよいよ具体的な解決策を提示します。不良品なら交換、構造上の故障なら無料修理など、自己判断ではなく、組織の対応方針にしたがって解決をめざします。このとき、「お客様の立場」で考えることがスムーズな解決につながります。

　解決策に納得してもらえたら、お礼で締めくくります。クレームという形で、問題点を指摘し、改善のチャンスを与えてくれたことに感謝し、今後もよいおつきあいをお願いする気持ちを伝えるのです。

　もし、お客様の要求がほかのお客様に迷惑をかける、特別扱いになる、不当な要求である、などの場合は、対応を変える必要があります（Ｐａｒｔ1、5を参照してください）。

◆ 報告で締めくくる

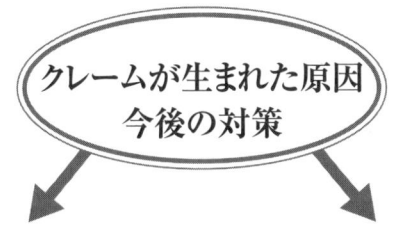

クレームが生まれた原因
今後の対策

上層部、関連部署に報告する

ほかに被害が広がるようなクレームであれば、すぐに情報を上にあげて、対策をとる必要がある。また、欠陥商品の場合は、設計部門、製造部門、検査部門などに報告し対策を練る。

お客様に報告する

製品の故障などは、クレームを生じさせてしまった原因を調べて、お客様に報告することも必要。今後の対策を示して、再発防止を約束することで、お客様の信頼回復に励む。

報告と同時に、改善に取りかかる

原因を明らかにしたら、改善に取りかかる。製品に問題があれば、各部門が改善に着手し、接客が問題であれば対応マニュアルを強化したり、接客研修をするなどの手を打つ。

クレームによって
解決策は
異なるけれど
法律なども参考に
解決の方向性を
マニュアル化して
おくといい

advice

ミスは自ら公表したほうがいい

もし、自社の製品に問題があるとわかったら、すみやかに製品回収などの手を打たなければなりません。正しい情報をできるかぎり公表するようにします。

回収が遅れてクレームが拡大したり、お客様の被害が広がると、事態は悪化する一方です。バレないだろうと情報を隠したり偽ったりするのは、甘い考えです。

メールより電話、電話より会って話す

◆ それぞれの手段の特徴を知る

手段	メリット	デメリット
メール・手紙	時間帯など相手の都合を気にせず、送ることができる。手書きの手紙は心が伝わりやすい。	一方的な発信にすぎないため、意思疎通がむずかしい。手軽なぶん、謝罪などには不向き。
電話	リアルタイムで連絡をとることができる。話し方や声のトーンである程度感情が読める。	声だけで相手の気持ちを十分にくみとったり、正確に説明することはむずかしい。
面談	互いに顔を見ながら、情報をやりとりすることができる。短時間で解決できることも多い。	お客様を訪問するために、時間や交通費などのコストがかかる。

クレーム対応は、お客様と顔をあわせて行うのが理想です。表情を見ながらやりとりすることにより、意見の食い違いや思い違いをふせぐことができます。

メールや手紙は、基本的に一方通行の連絡手段。電話も会って話すことにくらべるとやりとりが不十分になりがちです。これらの手段は、補助として活用するとよいでしょう。

お客様の安全にかかわるクレームがあったら、すぐに駆けつけます。お客様を訪問することは、誠意を行動で表現すること。できるだけ実行したいものです。しかし、人手や時間、コストを考えれば、すべてはムリでしょう。

どんな場合に訪問するか、組織の方針を決めておきましょう。

◆ 訪問時にこれをやってはダメ

アポイントをとらずに押しかける

お客様にも都合がある。自分勝手なスピード対応では、誠意を伝えられない。事前に電話くらい入れられるはず。

女性ひとりの家へ男性だけで行く

ひとり暮らしの女性や、家族が出かけて女性ひとりの時間帯のときは、女性スタッフが同行する。

強引に家の中へあがり込む

案内されなければ玄関先で話をするつもりで。ムリに解決しようと、お客様が許してくれるまで居座るのは厳禁。

解決を焦ってその場で口約束をする

早く済ませたいばかりに、できそうもないことを安請け合いしたり、わからないことをごまかしたりしない。

ピンポーン
MAIL BOX
IZUMI

相手に不快感を与えていないか態度や服装も見直したい
84ページをチェック

会うときよりもていねいに。たらいまわしにしない

◆ 電話の転送は1回だけ

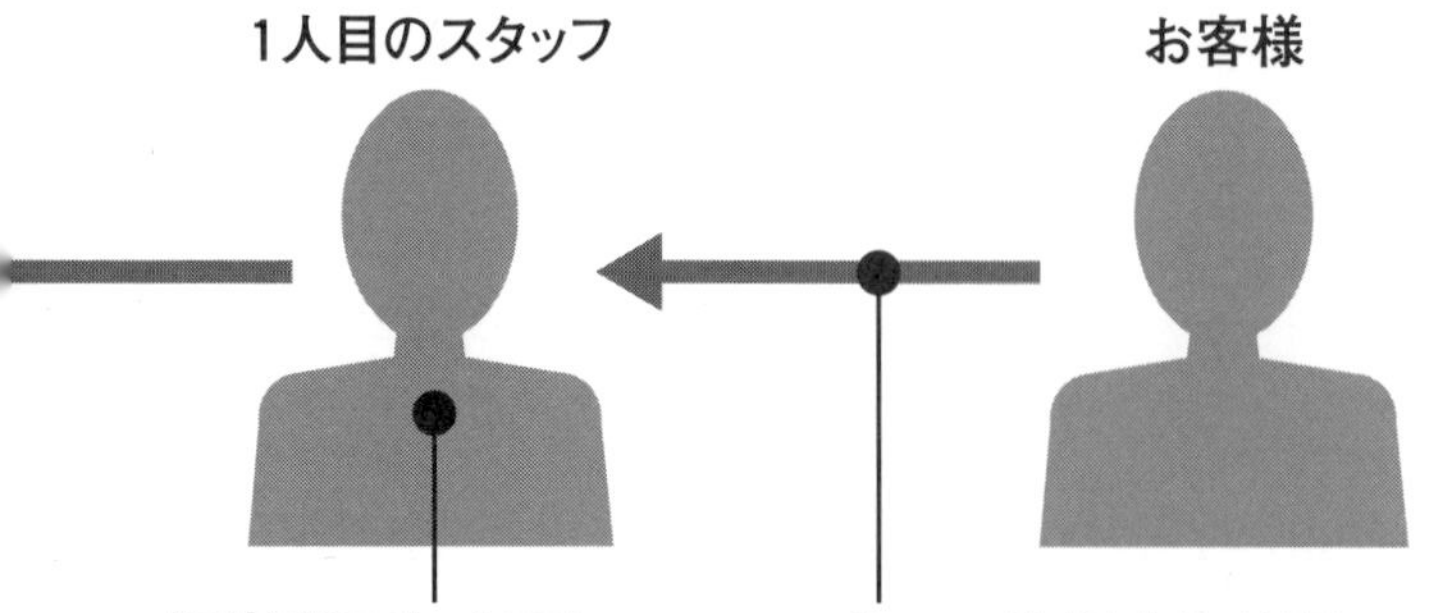
1人目のスタッフ
お客様

3コール以内に出る

電話が鳴ったらすぐに出る。不満をかかえたお客様を待たせると、さらにイライラさせることに。いつも込み合うようなら、対策を。

担当者でなくても自分のこととして受け止める

お客様から見れば、部署や役職が違っても、同じ組織の人に変わりはない。他人ごとのような態度で応じない。

問い合わせ先の
表示が
お客様にとって
わかりやすいか
再考しよう

クレーム電話をかけるお客様は、その番号が営業部門であれ、技術部門であれ、代表番号であれ、同じ会社である以上、そこに電話をすれば解決すると思っているものです。

一方、電話を受ける側は、担当でなければわからないこともたくさんあります。「私に言われても困る」「かける番号が違う」と思うこともあるかもしれません。こうした、お客様との意識の差が電話応対にあらわれると、お客様をさらに不快にさせてしまいます。

自分に関係ないと思うクレームでも、電話に出たからには誠実に対応します。お客様の不快感に対して素直にお詫びし、話を聴き、関連部署へ引き継ぐために、名前、連絡先をかならず確認しましょう。

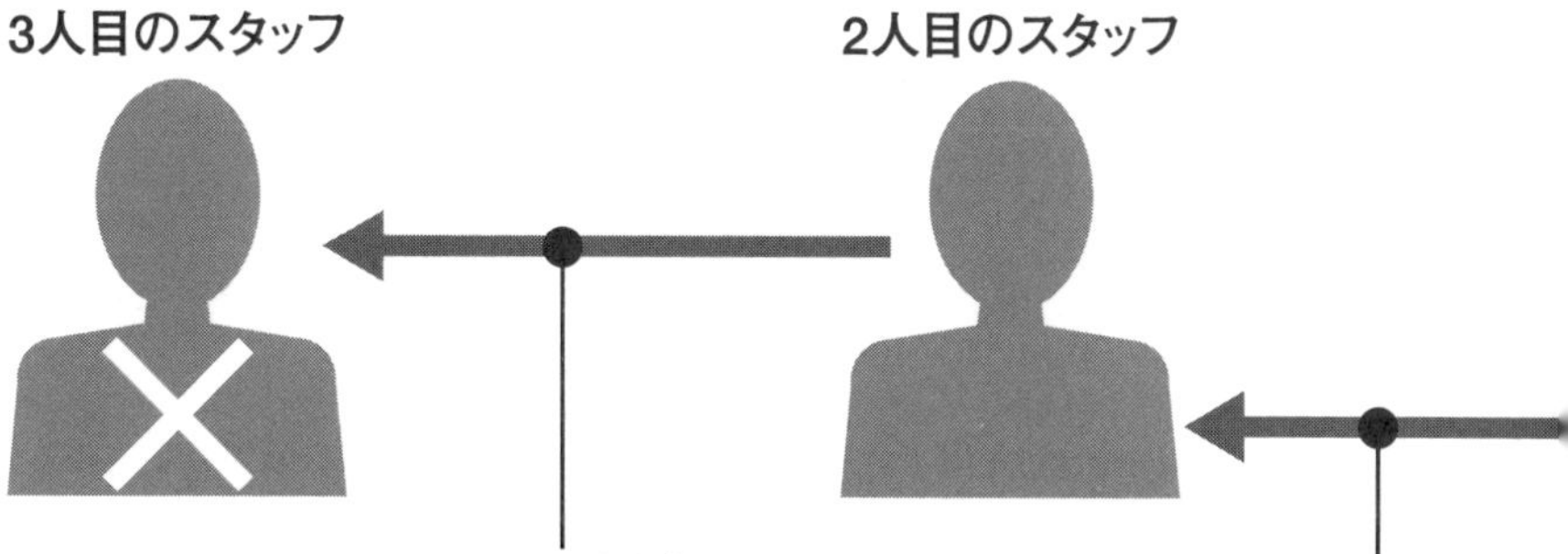
3人目のスタッフ
2人目のスタッフ

話の内容を次の人に正しく引き継ぐ

対応者が変わるたびに、お客様に同じ説明をさせては、大きな負担をかける。話を引き継ぎ、こちらから「～ということでしょうか」と確認する。

2回以上の転送は控える

電話のたらいまわしは、お客様の怒りを増すだけ。時間や電話料金が発生していることもふまえて、担当者から折り返し電話させるなど工夫する。

いつも以上に気持ちをこめる

顔が見えないぶん、ふだんよりも少しオーバーに気持ちをこめて話す。相手を意識して、声の大きさや話すスピードも変える。

注意するポイント
声が小さすぎる（大きすぎる）
早口でしゃべりすぎる
声が高すぎる

見えていなくても態度の悪さは伝わる

見えないからといって、言葉と裏腹な態度をとっていたり、別のことをしながら対応していると、相手に気づかれるもの。

大変申し訳
ありませんでした
心からお詫びします

だれに読まれても困らない内容にする

あれれ！
あのときの
メールが
掲示板に
のっている
このたびの一件は
当社に責任はありません。
そもそも大変ばかばかしく、
不愉快きわまりない指摘で
あなたの人間性を疑います。
少し頭を冷やして考えてみ
ては……

転送される可能性も頭に入れておく

そのメールが転送されたり、ブログや掲示板に貼りつけられたりして、不特定多数の人に公開されても問題ないか確認する。

相手の都合に関係なく、一方的に送られるメール。匿名性が高く、面と向かっては言いにくいことも言いやすいため、内容や表現がきつくなりがち。送るとき、その点に十分気を配る必要があります。

たとえば、返信のタイミング。お客様を待たせないよう、問い合わせフォームに返信時期の目安をのせる、受領確認メールを送る、なるべく早く、現状報告だけでもするなど、工夫するようにします。それもむずかしい場合は、メールアドレスの公開を再検討したほうがよいでしょう。

とくにクレーム対応では、電話や直接訪問など、双方向でやりとりできる手段が望ましいもの。メールは補助ツールにとどめて、手段を切り替えるようにしましょう。

◆ メール文書を書くときのポイント

Point 1 感情的にならず、冷たい印象にもならないように

感情に任せて書いたメールになっていないか確認する。また、ビジネスライクすぎるのも冷たい印象を与える。

Point 2 相手の文体よりもていねいに書く

お客様を尊重し、くだけた調子にならないように注意する。ていねいに、へりくだった表現で書く。

文章の流れ

ていねいなあいさつ

私信ではないので、凝った表現や長いあいさつは不要。ていねいかつ簡潔にして、真摯な態度をあらわす。

例

「平素は格別のご厚誼を賜り、誠にありがとうございます」
「毎々お引き立てありがとうございます」

謝罪や報告などの要件

お詫びをして、事態の経過を報告する。お客様の期待を裏切ってしまった原因や、今後の対策も述べる。

例

「このたびは、商品破損のご迷惑をおかけし、誠に申し訳ございませんでした。～」

あらためてお詫び

最後にもう一度お詫びの言葉を述べる。相手の誤解だった場合も、誤解をさせてしまったことをお詫びする。

例

「あらためまして、大変申し訳ございませんでした。今後もお引き立てくださいますようお願い申し上げます」

Point 3 落ち着いて読み返し、ほかの人のチェックを受ける

書き終えたメールは、送るまえにかならず別の人の目を通して、誤字脱字がないか、失礼がないかなどをチェックする。

基本をふまえたうえで一人ひとりにあわせて対応する

◆ お客様にしてはいけないこと

プライドを傷つけない
謙虚な気持ちで接する。断定をさけ、提案、相談などの形でお願いする。

理屈を言わない
いくら正しくても、理屈で自分の正当性を主張してはいけない。

お客様に責任転嫁をしない
お客様のかんちがいが原因でも、かんちがいさせた自分たちに非があるという態度を示す。

たらいまわしにしない
どんなクレームに対しても、今、この場で、自分が対応する気持ちで。

専門用語やむずかしい言葉は控える
横文字や慣用句などはさけて、子どもや高齢者など、だれが聞いてもわかる言葉を使う。

自分だったら
と考えれば
なにがタブーか
わかるはず

たとえ正論であっても、怒りにふるえているお客様に対しては通じにくいものです。また、子どものお客様に対して、むずかしいビジネス用語を使ってもわかりません。当たり前のことですが、同じようなクレームでも、お客様が違う人であれば、対応のしかたを変えます。

また、同じお客様のクレームであっても、1回目と2回目が同じ対応では納得してもらえないでしょう。

対応マニュアルを用意し、さまざまなケースを想定しておき、そのうえで、お客様一人ひとりにあわせて、臨機応変に変えていくことが必要なのです。

たくさんのクレームを経験することが、どんなクレームにも対応することができる力を養います。

Case 1 こちらのミスでクレームを引き起こした

結婚記念日にホテルに来館されたお客様。たしかに予約をされたようですが、その日は、ダブルブッキングのためか空室がなくなってしまいました。

対応 真摯にお詫びして、誠実に対応する

「せっかくの記念日にご予約いただきましたのに、私どもの不手際でご予約のお部屋をご用意できませんでした。大変申し訳ございません」など、まずこちらの非を認め、心からお詫びします。事情説明は、お詫びのあとにします。

グレードの高い部屋に案内する、別の宿泊先を探すなどの手配をし、再発防止を約束します。お客様がお帰りになるまでの間に、不満を解消して、満足してもらえるよう心配りを。

Case 2 接客態度に対して、お叱りを受けた

笑顔で対応しているつもりなのに「へらへら笑いながら対応して、俺をばかにしているのか」と、お客様が怒り出してしまいました。

対応 すぐに謝罪する

不快な思いをさせてしまったことに対して、その場ですぐに謝罪します。神妙な表情で、反省の気持ちをきちんと表現することが肝心です。地顔だからしかたないと思わずに、周囲の人に接客態度や表情をチェックしてもらいましょう。

また、クレーム対応中に接客態度が悪いと言われ、二重のクレームになったようなときは、お客様の怒りは爆発寸前になっています。担当者を交代してもらうこともひとつの手段です。

Case 3

商品を使ってけがをしたと言われた

マッサージ器を利用されたお客様から、「指をはさんで、けがをしてしまった」とクレームが入りました。使い方が悪かったのだと思うのですが……。

対応

体を気遣い、状況を伺う

第一に「おけがの具合はいかがでしょうか」と尋ねます。けがの程度、診断結果、経緯などを慎重に確認して、できるだけ早く、直接会う機会をもらいます。同時に、製品の製造工程を調査して、問題がないかチェックします。

製品に原因があると明らかになったら、相応の対応をします。製品に関係ないとわかっても、ていねいに説明し、納得してもらいます。（悪質な要求の場合はＰａｒｔ５へ）

私もこれから病院へ
行ってくる
万が一に備えて
流通をすべて
ストップしてくれ

製品が原因で重大な問題が発生している可能性があるなら、ただちに、同じ製品の流通をストップするなどの手立てが必要。現場へ駆けつけると同時に、担当者を決め、組織対応をとる。

Case 4

正反対のクレームが同時に寄せられた

レストランにて、お客様から「寒いので冷房を弱めてほしい」と言われたすぐあとに、来店した方から「あついので、冷房を強めてほしい」と言われました。

対応

個別に対策を考え、両方に応える努力を

お客様の様子をよく観察して案内することがたいせつです。「こちらの席は風が当たりますがよろしいでしょうか」「冷えるようでしたら、ブランケットがございますので、おっしゃってください」と確認します。

あとから来た方には、空調が弱いことを伝え、風通しのいい席に案内します。氷水や冷たいおしぼりを出すなどの心配りを。同じ対応でも、前もって対応することで満足してもらえます。

こちらのお席は
翼の上部になります
外の景色が
さえぎられますが
よろしいでしょうか

利用に不都合がないと思っても、通常と違う点があれば、はじめに伝えておく。お客様からなにか言われるまえに、こちらから申し出て確認しようとする態度が好感を与える。

Case 5

他部署のことでクレームを受けた

同僚あてのクレーム電話に出たら、罵声の雨あられ……。部署も違い、まったくわからなかったので、知らないものは知らないと、怒鳴り返してしまいました。

対応

自分へのクレームと同じ対応を

お客様から見れば、だれが担当者なのかは、問題ではないのです。早く、誠実に自分のクレームに対応してほしいだけです。

組織の一員である以上、組織のために頭を下げるのは当然です。

お客様が言いたいことはなにか、気持ちを推し量ってみてください。自分あてのクレームを受けたときと同じように、不快な思いをさせたことを謝罪し、話を聴くようにします。

Case 6

お客様に注意したら、逆ギレされた

車椅子専用の駐車スペースに車をとめたお客様に、移動してもらうよう注意したところ、「こっちが悪者みたいな言い方をするな!」と逆ギレされました。

対応

お客様の立場に立って考える

気づかないでうっかり駐車してしまっただけかもしれません。それなのに、ほかのお客様のまえで注意され、恥ずかしい思いをされたのでしょう。

いきなり注意するのではなく、相手が受け入れやすいように言葉をえらぶ必要があります。

「じつは、ここは車椅子専用スペースです。こちらへ移動していただけませんか?」などと、お願いしてみるようにするとよいでしょう。

ごめんなさいビルが閉まる時間なの
朝まで開いてれば助かるのに

どうやっても、その場でお客様の要求に応えることができない場合、担当者ではなく、規則が悪いという方向へ話をもっていくテクニックもある。ただ、責任逃れのように聞こえることもある。使うときは注意して。

Case 7 できないことを要求された

レストランで、残った食事を持ち帰りたいと言われました。テイクアウトは不可ですが、お金を払ったし、責任は追及しないからと、しつこく頼まれました。

対応 要望を上の者に伝えることを約束する

いきなり「できません」と言っても、お客様は納得しません。まず「もったいないと思っていただいて恐縮です」など、共感と感謝の言葉を伝え、その後、できない理由を説明します。「ご要望はかならず上の者に伝えます」と約束することで許してもらいましょう。

今回のお客様だけでなく、ほかにも同じように思っているお客様がいるかもしれません。間違いなく上司に報告して、改善に役立てます。

ブレイクタイム

自覚できないストレスこそあぶない

こんなサインがあればストレスを疑う

- □ 食欲がなくなる、過食になる
- □ 飲酒の回数や量が増える
- □ 感情の起伏が弱くなる
- □ せっかちになる
- □ 原因不明の頭痛や下痢、便秘などがある
- □ よく眠れない　　など

ふう……
なんだか
眠れないな

長年クレーム対応を続け、毎日のように怒られたり文句を言われているとしても、そのような日常に慣れることはむずかしいものです。

そんな日々の生活によって心と体に負担がかかっているのに、自分ではストレスに気づかないことがあります。

「ストレスがたまってつらい」と弱音が吐ける人は、対策がとれますが、自覚のない人は、それを解消することを考えず、頑張りすぎてしまいます。

ストレスが大きくならないうちに、早めに気づくよう心がけたいものです。

Part 4

チーム力でトラブルを遠ざける

～組織づくりと二次対応～

クレーム問題は、会社全体で力をあわせて乗り切るもの。
情報共有をはじめ、組織としての対応策を
整備することがたいせつです。

クレーム会議をはじめます

クレームは個人ではなく会社全体の問題だ

◆ 組織ぐるみの対応が財産になる

お客様

VS

対応スタッフ

「お客様」と「スタッフ個人」の問題になると、スタッフに過度な負担がかかる。クレーム隠しにもつながる。

クレームが組織の財産にならず、同じ失敗をくり返す。

お客様

VS

会社（お店）

「お客様」と「会社、お店」の問題にすれば、スタッフは一歩引いたところで、安心して冷静に対応できる。

クレームが組織の財産となり、同じ失敗はくり返さない。

さらに……

スタッフ個人への押しつけは人材の流出に

現場の担当者に責任を押しつけていると、負担に耐え切れずにやめる者も出てくる。対応できるスタッフが減るため、さらにクレームが増える悪循環に。

私ばっかりもういや!!やめます

◆ クレーム発生時の連絡経路を整える

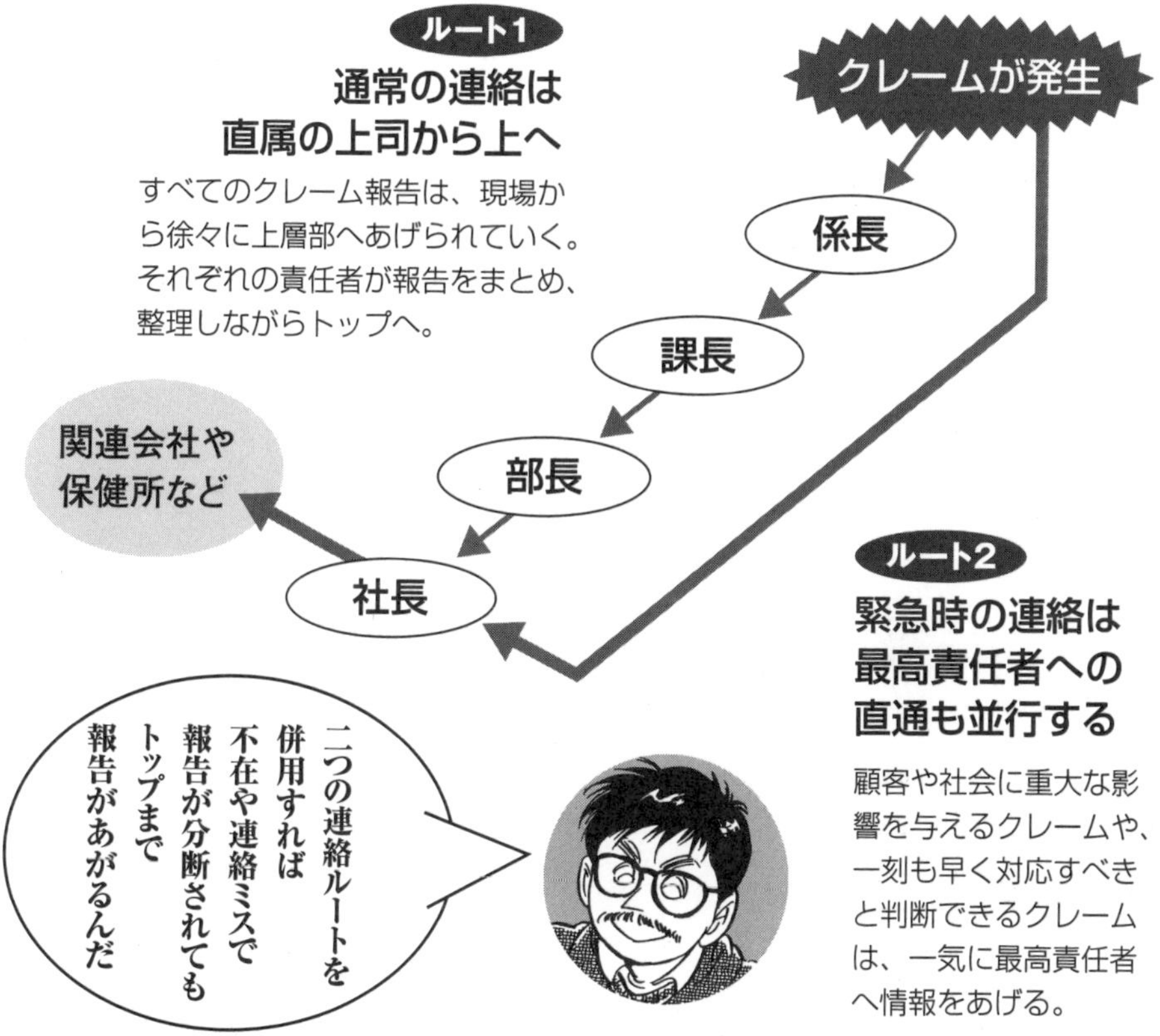
クレームが発生
ルート1
通常の連絡は
直属の上司から上へ
すべてのクレーム報告は、現場から徐々に上層部へあげられていく。それぞれの責任者が報告をまとめ、整理しながらトップへ。
係長
課長
部長
社長
関連会社や保健所など
ルート2
緊急時の連絡は
最高責任者への
直通も並行する
顧客や社会に重大な影響を与えるクレームや、一刻も早く対応すべきと判断できるクレームは、一気に最高責任者へ情報をあげる。
二つの連絡ルートを併用すれば不在や連絡ミスで報告が分断されてもトップまで報告があがるんだ

お客様から「〇〇さんの態度が気に入らない」と言われたら、それは組織全体に対するクレームとして扱うべきです。責任のある立場の人や、責任感の強い人のなかには、自分が起こしたクレームだから、自分だけで解決しようと考える人がいます。昇進などに響く可能性を考えて、報告を躊躇する人もいます。

従業員一人ひとりが仕事に責任をもつことはたいせつですが、クレームを個人の問題にとどめてはいけません。問題の隠蔽につながり、再発をふせぐことができないからです。

クレームを組織の問題と捉え、進んで報告できるしくみをつくる必要があります。そして組織全体でクレーム対応をくり返し、会社の財産にしていくのです。

組織づくり

情報を共有して クレームの再発をふせぐ

1 発生したクレームをすべて集める

クレーム報告書

あらゆるクレームを報告する
解決できたかどうか、補償をしたのかどうかなどにかかわらず、すべてのクレームを報告する。口頭で上司に伝えるだけでなく、文書にして提出することが必要。

P.90のように、いつ、どこで、だれが、なぜクレームを申し出たか、対応者や対応方法、経過、結果など細かく記録する。

個人情報の管理は厳重に
クレームを申し出た人の氏名、年齢、連絡先などの個人情報は、きちんと管理する。クレーム情報を社員で回覧するときは、個人情報をふせる。

クレームはよくないというイメージが強いと、なかなか報告しづらいもの。クレームを受けた自分の至らなさを露呈することになると思うからです。組織のなかにそのような雰囲気があると、クレーム対応のノウハウは蓄積されにくいと言われます。

過去の情報やノウハウがなければ、類似のクレームが起きたり、再発をふせげなくなります。いつまでたっても改善されなければ、お客様は離れてしまうでしょう。かならずクレームを報告して、組織全体で情報を共有する習慣をつくります。

上の1、2、3をくり返し続けることで、クレーム対応のスキルを磨き続けるのです。それはまた、クレームを未然にふせぐことにもつながります。

2 原因、対応法、結果など集めた情報を分析する

定期的に会議を開き対応策を協議する

従業員同士が互いに情報を共有し、クレーム対応のスキルを磨く。各部門が顔をそろえることで全社的な改善策を検討できる。

集まったクレームをデータベース化する

どういったクレームが多いか、クレームが起こりやすいのはどんな状況か、解決できたときとできなかったときの違いはなにかなど、一つ一つのクレームからではわからなかったものが見えてくる。

3 情報を共有して同じ失敗をふせぐ & 製品・サービスや構造を改善する

新サービスや新製品を開発する

お客様の不満を解消するために工夫をこらす。クレームがきっかけで、新しい製品やサービスが生まれることもある。

分析をもとに、対応マニュアルを作成する

過去のデータを分析して、クレームの傾向と対策を抽出する。それをもとに、よりよい対応マニュアルを作成する。

マニュアルは定期的に見直して改良し続けることが大事なんだ

対応がバラつかないよう組織の方針を決めておく

◆ サラダに虫がいると言われたら

スタッフA
「大変失礼いたしました。すぐ交換させていただきます」

スタッフB
「食べても害のない虫です。野菜が新鮮な証拠ですよ」

スタッフC
「申し訳ございません。食事代は結構ですので」

スタッフD
「申し訳ありませんでした。こちらのサービス券をお持ちください」

会社の方針は?
どのお客様に対しても、同じ対応ができるように、会社の方針を明確にしておく。事例をあげて対応方針を示すとわかりやすい。

あるお客様が「いつも担当してくれる営業マンがお休みだったから、別の人が接客してくれたけれど、ひどい対応だった。がっかりしたよ」とクレームをつけたとします。

お客様はスタッフ一人ひとりを通して、その会社やブランドを見ています。担当したスタッフによって、印象が正反対になるということは組織として問題です。だれが対応しても一定の水準をクリアできるようにするためには、マニュアルをつくる必要があります。

クレーム対応も同じこと。スタッフによって対応がバラバラでは、お客様に不信感を抱かせてしまいます。と同時にお客様同士が話をしたとき、クレーム対応にあまりに差があると「あの会社は、客によって態度を変

◆ マニュアルがあったとしても……

申し訳ありません
カウンター席で
よろしいでしょうか
カウンター席に
座って
早く

マニュアルどおりに対応したつもりでも、お客様に正反対の印象を与えてしまうこともある。マニュアルを習得したうえで、さらに研鑽をつむことがたいせつ。

える」と思われるでしょう。公平さを欠くことは、クレーム対応の基本に反します。

会社の方針を示し、対応の目安となるマニュアルを準備することが、スタッフに自信と安心を与えることになります。

advice

頭ではなく体に覚えさせる

マニュアルを作成したら、配布するだけでなく、それが身につくように訓練することも必要です。

お客様にどう対応するか、頭で考えるよりも先に体が動くようにするためには、実際に体を動かしてやってみることがいちばん。日ごろから、クレームに対する意識を高めておけば、反応も早くなります。

はじめの応対者から正確な聞き取りをしておく

◆　上司の登場で気持ちが落ち着く

お客様の気持ち

《こっちの言い分をちっとも聴いてくれない》

《下っ端に相手させるなんて、バカにしている》

お客様は、自分がたいせつに扱われていない、尊重されていないと思っている。

▼ **上司の登場**

《ようやく事の重大さをわかってくれた》

自分の思いが通じたと感じられることによって、お客様の気が少し晴れる。

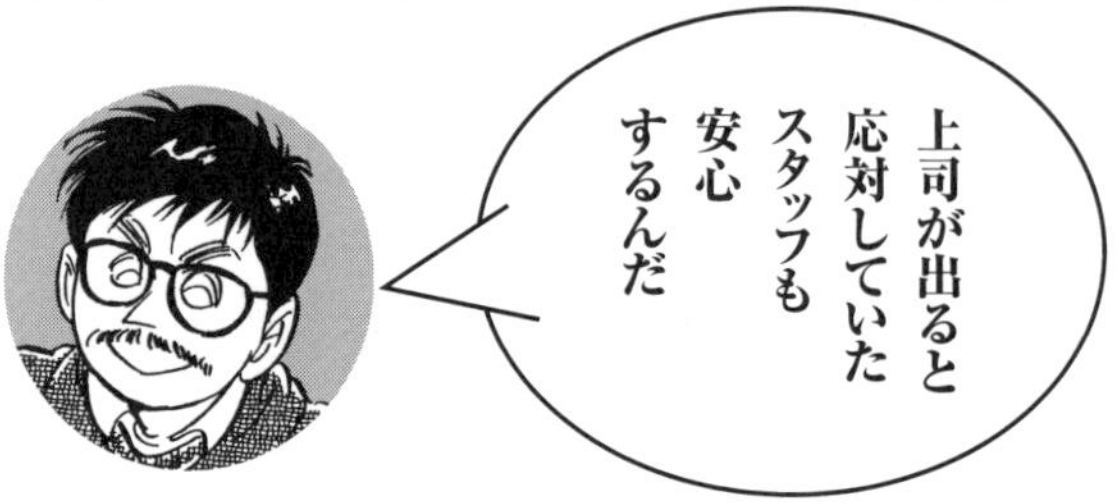
上司が出ると
応対していた
スタッフも
安心
するんだ

「上司を出せ」というお客様は、現在の対応に納得していません。上司ならもっと話が通じるだろうと思っているのです。一定時間対応したら、上司が引き継ぐのもひとつの方法です。

お客様から見れば、上司が出てくることは、自分の要求がひとつ通ったことになり、達成感を覚えてもらうことができるでしょう。

しかし、上司にかわっても、長時間待たせたり、同じ話をはじめからくり返しさせたりすると、「やっぱり私の話をわかっていない」と思われてしまいます。対応者を交代するときは、かならず話の内容を正確に引き継ぐことが肝心です。

交代した上司が自分の話をよく理解してくれていると、お客様の怒り

さっきから
何度同じ話を
くり返させるのよ
新品なんだから
最初から壊れていたに
決まっているじゃない
もううんざりだわ

同じ話をお客様にくり返させるような対応はさける。再確認したいときは、こちらがお客様の話をくり返し、それでいいか問いかける。

はある程度収まります。そのうえで、対応できることと、できないことを説明すれば、お客様もこれ以上はどうにもならないと納得してくれるでしょう。

お客様の話と、初期対応者から引き継いだ話が違うときは、あらためてお客様の話を聴くようにします。

最初に対応した人から聞く

クレームの内容
いつ、どこで、なぜ起きたか
どんな対応をしたか
どんな解決策を提示したか
など

クレーム報告書をもとに、お客様が話した内容、対応者が伝えた内容を正確に引き継ぐ。
日時や数量などの数字、被害の程度などは間違いのないよう注意する。

上司が対応するまでに準備しておく

上司が出るまえに、クレーム内容だけでなく、お客様の情報や類似クレームの対応例などを確認して、準備を整えておく。

謝罪と善後策を述べて再発をふせぐ決意を伝える

◆ 文書だけのやりとりはさける

1 メールやファックスでのクレームにも直接話す方向で応える

文字だけのやりとりだと、感情のすれ違いや誤解が生じやすいもの。電話や直接会うなどの連絡手段で対応させてもらえないか、お客様に相談してみる。

2 面談や電話でのクレーム対応に文書をプラスする

お客様と直接話をしたあとに、詳細をフォローしたり、あらためてお詫びとお礼を述べるなど、補助的に利用する。よりていねいに対応している印象になる。

お客様が
書面でのやりとりを
希望する場合も
できれば持参して
顔をあわせたいね

クレームをつけたものの、会社の人が真摯にお詫びをして対応してくれたので、納得して引き上げた——翌日、ていねいな手書きの詫び状が会社から届いたら、これからもこの会社の商品を利用しようと思う可能性は高くなります。失いかけた信頼を取り戻すために、詫び状を出すことは、誠意を伝えるひとつの方法なのです。

詫び状は、すでに直接お詫びや説明をして、お客様に理解してもらったあとに出します。あらためて謝罪をし、事態を確認します。また、原因を報告し、これからの善後策を書き添えるとよいでしょう。むやみに卑屈にならず、真剣に反省した姿勢を見せるようにします。

なお、こうした詫び状、謝罪文は、

◆ 文書の基本形式

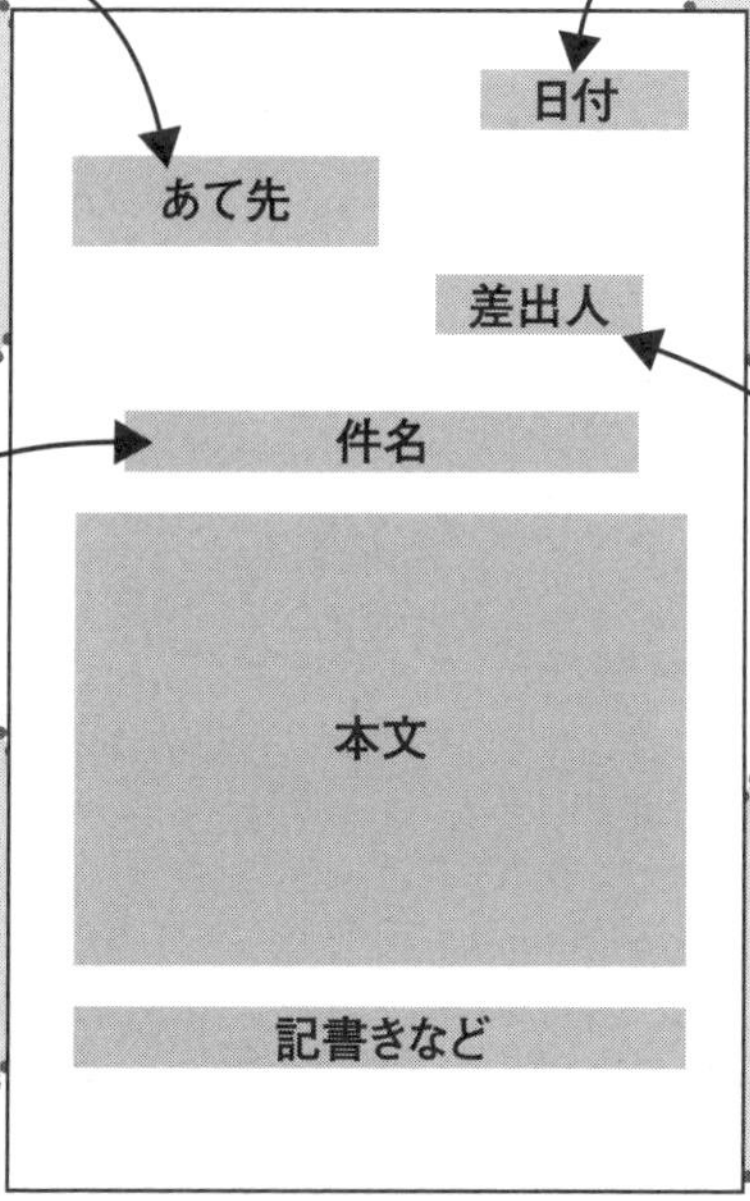

あて先は省略しない

正式名称を正確に記す。会社の場合、社名の㈱は略さずに株式会社とする。社名のあと改行し、部署名と名前を入れる。

出す日付を入れる

西暦でも、年号を用いてもどちらでもかまわない。文書を発信する日付を入れる。

ひと目でわかる件名にする

「誤送品について」「不良商品についてのお詫び」など、だれが見てもすぐに、内容がわかる件名をつける。

差出人はしかるべき者の名前に

担当者ではなく責任者の名前で出すことで、問題の重大さを理解しており、真摯に受け止めている姿勢を示す。

← 本文・記書きについては次のページへ

軽々しく何度も出すものではありません。文書を出すことの重みを考え、じっくり検討したうえで出すようにしましょう（55ページも参照してください）。そして、法務部などで内容に問題がないかどうか、かならずチェックしてもらいます。

advice

出すまえにかならず法務担当者のチェックを受ける

相手に文書を出すときは、それが一人歩きしたときのことも考えておく必要があります。

不特定多数の人の目にふれたり、裁判の証拠になったりしても問題がないかどうか、かならず法務担当者や弁護士に目を通してもらい、内容をチェックしてもらってから送るようにしましょう。

例文１　品違いの指摘に対して、お詫びと再手配の通知をする

注文と異なる商品を送ってしまった場合、お詫びと再手配の通知を送る。まず電話で伝えて、そのあと確認の意味も込めて、あらためて文書を送るといい。

頭語と結語はセットで使う

文章の最初につける頭語と最後につける結語は状況にあわせて使い分けたい。一般的には、「拝啓」ではじまり「敬具」で結ぶ。改まったときには、「謹啓」「謹白」がいい。

時候のあいさつと日ごろのお礼を

誤送品のお詫び

拝啓　時下、ますますご清祥のこととお喜び申し上げます。

日頃は格別のお引き立てを賜り、心より感謝申し上げます。

先日、お届けした商品がご注文と異なっていたとのご指摘をいただき、早速確認しましたところ、受注段階での当社の手違いと判明いたしました。大変申し訳なく、深くお詫び申し上げます。

なお、ご注文の商品は、下記のとおり手配させていただきました。

今後、このようなミスを繰り返さないよう、システムの見直しをしております。なにとぞご容赦くださいますようお願い申し上げます。

今後とも変わらぬご厚情のほどお願い申し上げます。

敬具

記

・商品　「○○○○○○○○○」20点

・配送日　200×年×月×日（月）

以上

まず、お詫びの言葉を述べて、事態を確認する

原因がわかっていない場合も、調査中であるなど現状を報告する。

日時や数量は記書きで整理する

細かい数字は、記書きでまとめて読みやすくする。案内状などのミスをお詫びするときは、記書きで正誤表をつけると、修正箇所と正しい情報がわかりやすい。

例文2 接客態度に対する苦情の手紙に返信する

ていねいにお詫びして、再度来店してもらえるように許しを請う。
怒りを収めてもらうよう、気持ちのこもった文章にする。

拝復　ますますご健勝のこととお喜び申し上げます。

長年にわたり、格別のご愛顧を賜り、深く感謝申し上げます。

このたびは、当店「○○○」をご利用くださいましたのにもかかわらず、スタッフの接客態度に大変失礼な点がありましたこと、誠に申し訳なく、心よりお詫び申し上げます。

平素より接客研修をおこなっておりますのに、教育が行き届かずご迷惑をおかけしたことを、責任者として深くお詫び申し上げます。

当日お客様の接客を担当した社員はこの4月に入社したばかりのため、ご不快な思いを抱かせてしまったものと思われます。

今後は、二度とこのような不手際がないよう、徹底した社員教育に努めて参る所存です。どうかお許しいただき、引き続きお引き立てくださいますようお願い申し上げます。

敬具

言い分がある場合は、お詫びのあと

今後の対策を書き添え、変わらないご利用をお願いする

当事者ではなく、責任者がお詫びする
責任者の名前で文書を出すことで、組織として事態を深刻に受け止めたことを伝える。

日ごろの防犯・防火対策でクレームの芽をつむ

◆ 全員が危険に気づく努力を

責任者
クレームの芽になりそうなことはないか、先頭に立ってこまめに点検する。従業員らの防犯意識を高める。

現場スタッフ
水漏れや商品陳列、床材の破損など、トラブルのもとになりそうなことに気づいたら、報告、対処をする。

警備スタッフ
非常事態が起きたとき、お客様が無事に避難できるよう誘導したり、警察に通報してもらう。

事故や事件が起きないようにすることが第一なんだ

事件や事故、それにともなうクレームをふせぐためには、事を起こさないための対策が重要です。

防犯については、警備員任せではなく、責任者が先頭に立って力を入れるようにします。戸締まりの際に周囲の様子を確認する、防犯カメラやライトを目立つところに取りつけるなどして、防犯意識の高い店だと感じさせることが、セキュリティにつながります。

また、消火器などの消火、防火設備、避難経路の確保はもちろん、地震に備えて棚を固定する、だれもが手にとりやすい商品陳列にするなど、安全面を重視して点検するようにしましょう。「いつもと違う」「なにかおかしい」ことがないかつねに意識して、確認するようにします。

◆ 犯罪を未然にふせぐ防犯システム

防犯カメラ

目立つところに複数のカメラを設置して、防犯効果を高める。記録映像から犯人がつかまることもある。

ほらあそこ
防犯カメラが
ついている

このカメラは
可動式だから
動きも追えるんだ
おもしろいだろう

被害者だと訴えるお客様でも、一般の人に防犯カメラの映像を見せることはできない。

センサーアラーム センサーライト

動くものにセンサーが反応して、アラームが鳴り響いたり、ライトがついたりする。そのまま自動で管理者へ通報されるタイプのものも。

防火管理や消防訓練

適切に消火器を設置したり、定期的に消防訓練を行うことで、いざというときにすぐ動けるようにしておく。

救急セットや救助用具

お客様やスタッフが被害にあったとき、処置できるように準備しておく。ロープやはしごなどの救助用具も立地の必要性にあわせてそろえる。

ニュースや地域の話題からクレームの火種をチェックする

クレームには世の中の動きがビビッドに反映されます。たとえば、食品偽装が話題になると、成分表示などに関する問い合わせが一気に増えます。人々の注目が集まるぶん、表示のしかたがわかりづらかったり、オーバーなキャッチコピーがついていたりすると、たちまちクレームにつながります。

リスクマネジメントのためには、最新のニュースがつねに入ってくるようにしておかなくてはなりません。情報が入ったら、すぐに対策をとることが、クレームをふせぎ、おおごとになるまえに解決できることにつながるからです。

地域の情報や、同じ業界で話題にのぼっていることにも、注目しておくようにします。

◆ 世の中の動きを見逃さない

最新のニュースをチェックする

テレビやラジオ、新聞、雑誌などで、ニュースのチェックを欠かさない。大きなニュースであるほど、それに関連するクレームがたくさん発生しやすい。便乗した悪質なクレームが発生することもある。

地域の情報にアンテナを立てる

「近くのお店でこんなことがあった」など、近所で話題になっていることにもアンテナを張っておく。地元のスタッフたちの世間話のなかに、クレームの火種が隠れているかも。

同業他社と情報交換を

同じ業務内容の会社やお店には、同じようなクレームが発生しがち。
ライバル店と情報交換をして、クレーム情報を互いに増やすようにする。

ニュース交差点
続いては
○○食品による
表示成分偽装の
疑いについて
総力レポートです

ニュース

《○○メーカーが、衣料品の品質表示を改ざんしていたことがわかりました》

クレームを予想して、対策を立てる

該当商品の返品や、同じメーカーの商品への問い合わせが考えられる。一刻も早く詳しい情報を集める。また、返品受付の対応方針を決めたり、想定問答集をつくって従業員の対応がバラつかないようにする。

ニュース

《××からの輸入野菜○○から基準値以上の農薬が検出されました》

クレームを予想して、対策を立てる

野菜を販売している店のほかに、レストランや惣菜を売る店にも、問い合わせが入る可能性がある。「この野菜は大丈夫なのか？」「使われている野菜の産地はどこか？」などの質問に答えられるよう、メーカーや輸入元への確認、準備を進める。

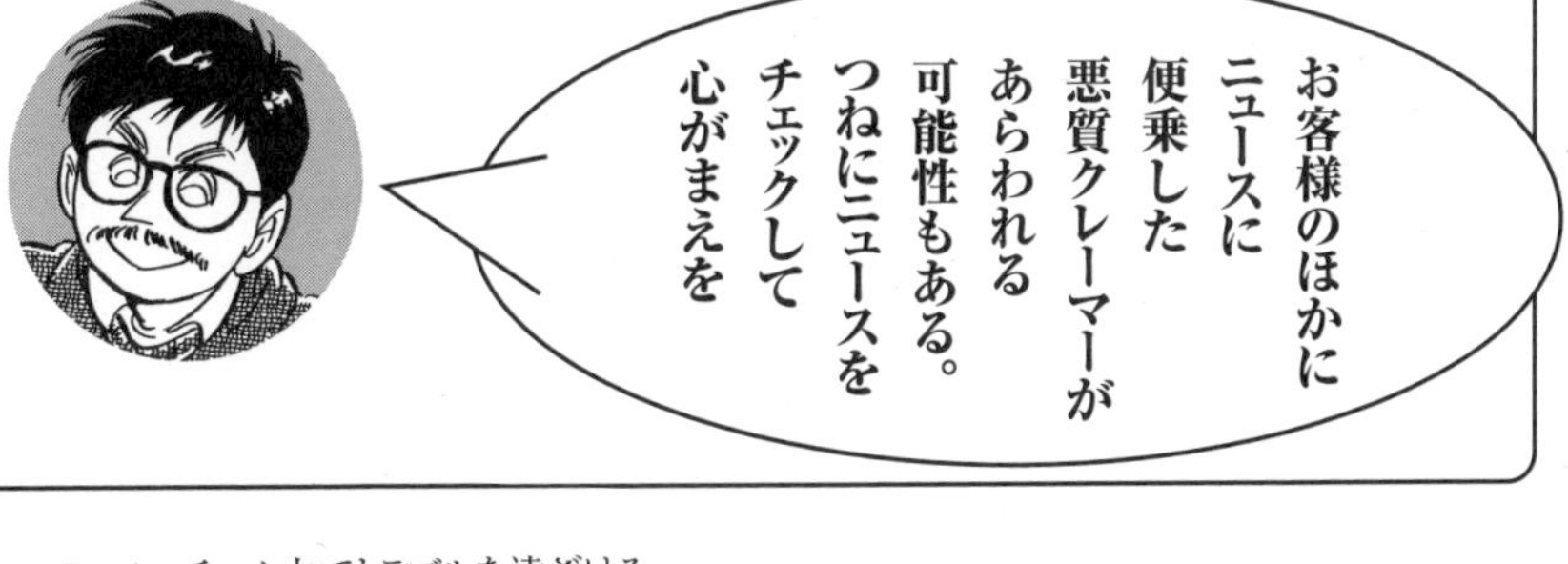
お客様のほかに
ニュースに
便乗した
悪質クレーマーが
あらわれる
可能性もある。
つねにニュースを
チェックして
心がまえを

関連企業や行政機関ともチームワークをとる

◆ 小売りとメーカーで協力を

お客様

「パッケージが破れていたわよ!」

お店かメーカーに
クレームが届く

製品をつくったメーカー

メーカーだけで
対応した場合……

原因がメーカーにない場合に内々に処理してしまうと、本当の原因を解消することができなくなってしまう。

製品を売った小売り店

小売り店だけで
対応した場合……

商品の特性をよく把握していないと、間違った説明をしたり、ピントの外れた対応をしてしまう。

**小売り店とメーカーが協力して
クレーム対応に当たるのが理想**

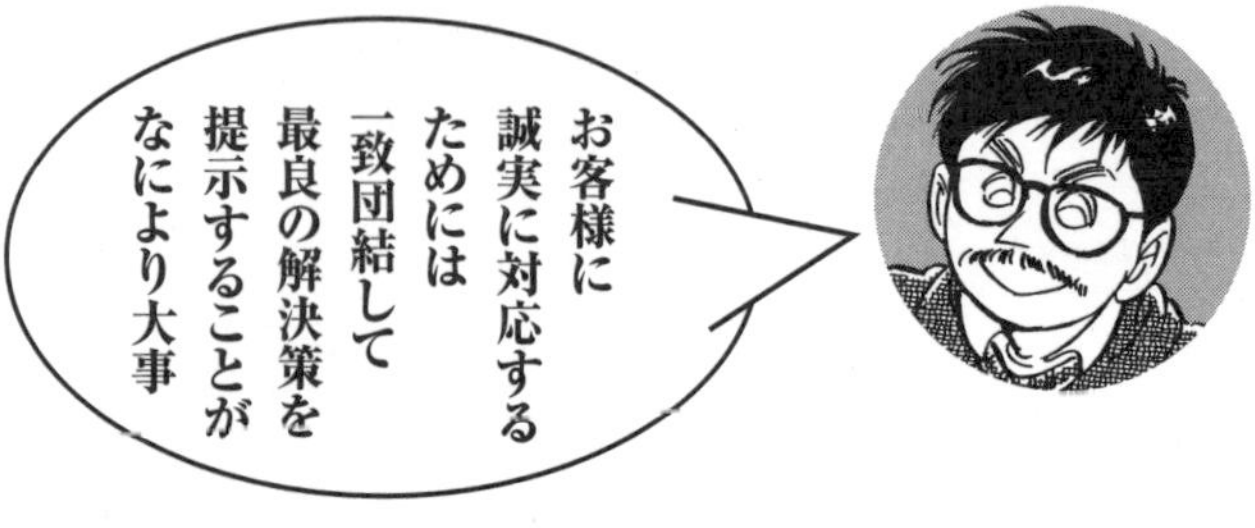
お客様に
誠実に対応する
ためには
一致団結して
最良の解決策を
提示することが
なにより大事

◆ 行政機関とも進んでコンタクトをとる

こうした問い合わせがきていまして……どう対応したものかと
ええ　そうです　ありがとうございます　それでは○日○時に　相談に伺います

企業の責任が判断できない場合は行政当局に指導を仰ぐ

判断がむずかしい場合は行政に相談をする。たとえば、食品の表示に関する相談なら、厚生労働省と農林水産省が連携して相談窓口を開設している。

クレームの原因は、商品そのものにあることもあれば、流通時の破損や、小売り店での管理ミスが原因のこともあります。

　クレームを受けやすいのは、お客様と直接やりとりをする小売り店ですが、クレームの原因が小売りにあるとはかぎりません。

　原因をはっきりさせて、誠実に対応するためには、百貨店などの小売り、その小売りに納品しているメーカー、そして流通を担う会社などの関連企業がお互いに協力しあう関係を結ぶことが理想です。

　また、近年、消費者問題が増えていることから、行政機関がさまざまな相談窓口を設けたり、法整備を進めています。こうした機関を積極的に活用するようにしてください。

アドバイスを受け止め改善や開発に生かす

◆ 自ら進んで意見を集める

報告書

クレーム報告書
一人ひとりのお客様から、苦情という形で切実なリクエストが集まる。

はがき

アンケートはがき
雑誌にはさんだり店舗に配布して、特定のお客様から情報を集める。

メール

メールによる意見募集
ホームページや広告を活用して、幅広い層から手軽に意見を集める。

モニターによる意見交換会
優良顧客やファンを集めて、その場で意見をすくいあげる。

開発には顧客の意見も参考にされる。

◆ クレームによって進化できる

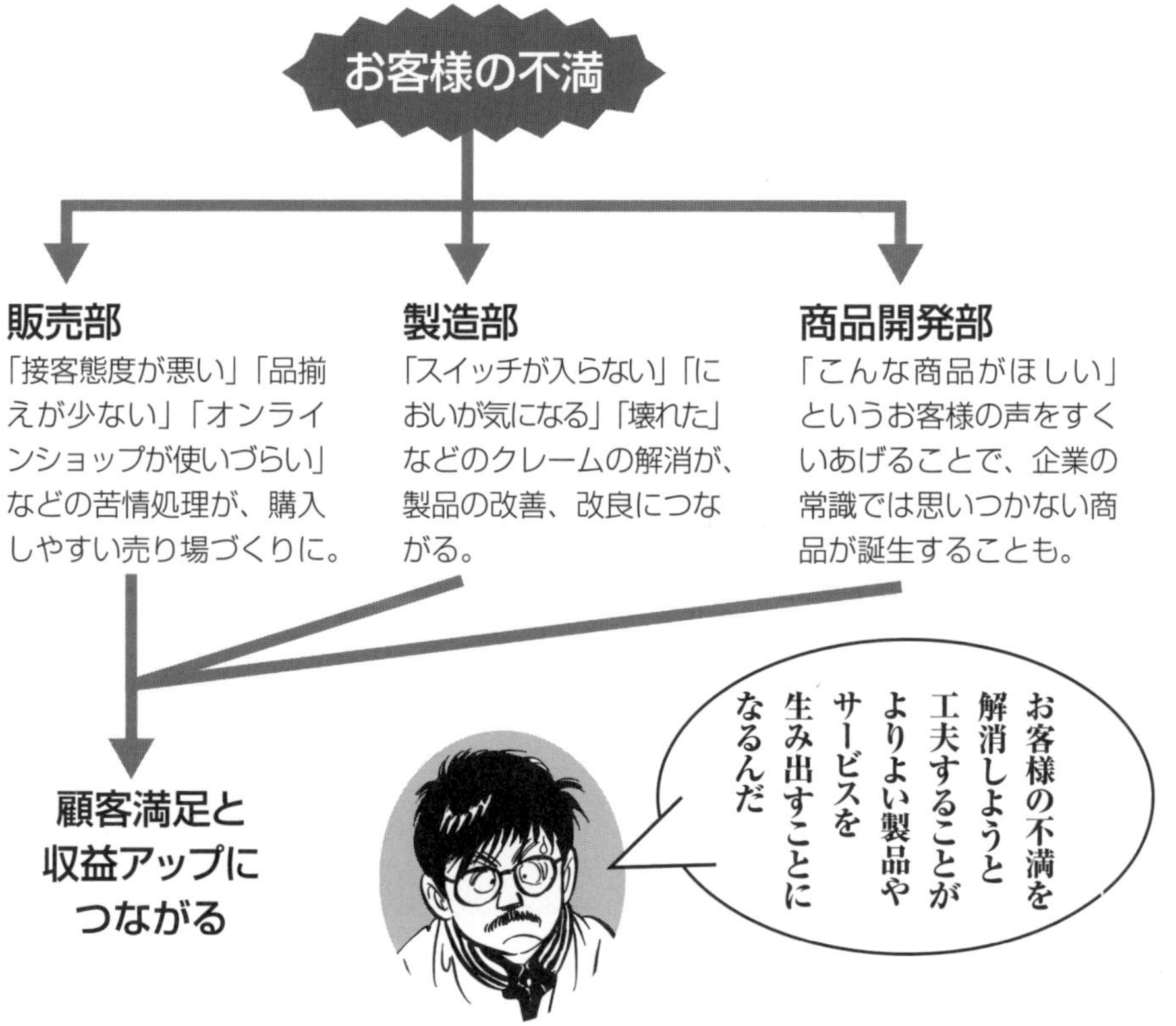
お客様の不満
販売部
「接客態度が悪い」「品揃えが少ない」「オンラインショップが使いづらい」などの苦情処理が、購入しやすい売り場づくりに。
製造部
「スイッチが入らない」「においが気になる」「壊れた」などのクレームの解消が、製品の改善、改良につながる。
商品開発部
「こんな商品がほしい」というお客様の声をすくいあげることで、企業の常識では思いつかない商品が誕生することも。
顧客満足と収益アップにつながる
お客様の不満を解消しようと工夫することがよりよい製品やサービスを生み出すことになるんだ

お客様の不満を解消するとき、マイナス感情をゼロに戻しただけでは、お客様を惹きつけることはできません。不満を満足にかえて、プラスにするためには、お客様から与えられたクレームというチャンスを生かすことがたいせつです。

クレームは、マーケティングにひけをとらない宝の山と言えます。集まったクレームは積極的に活用してください。

クレームを受け止めるとき「お客様は正しい」というスタンスでいることがポイントです。そうした立場に立つことによって、不満や疑問を自分のものとして考えることができ、消費者の心をつかむヒット商品につながるアイデアを得ることができるのです。

ブレイクタイム

まわりの人の支えがストレスをやわらげる

仕事のストレスを生む要因

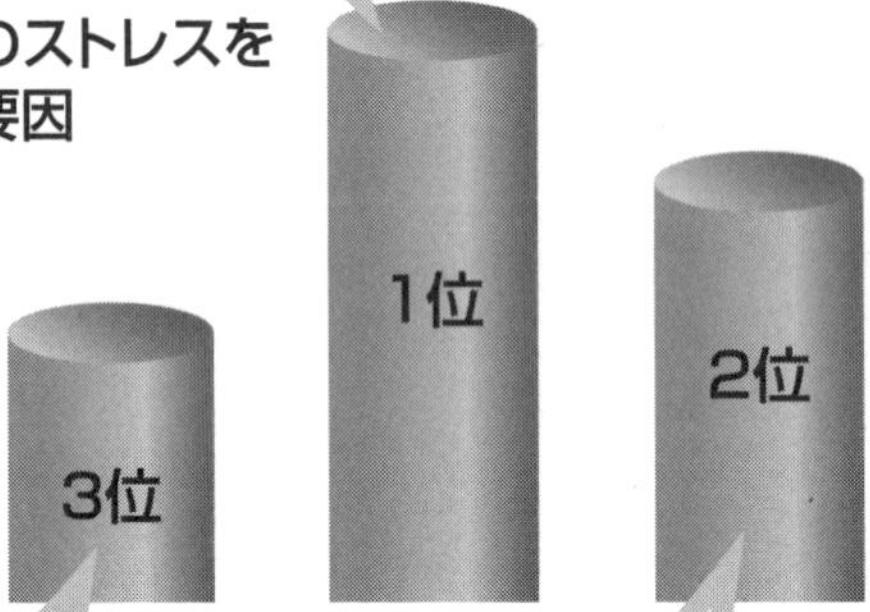

職場の人間関係
職場の人数に関係なく、人間関係の悩みや問題は生じる。派閥間や上司とのトラブルがあるとストレスはさらに強まる。

仕事の量
仕事量が多い、労働時間が長い、残業が多い、休日が少ない、こうした状況がストレスに。労働時間が長いほど疲れを感じる。

仕事の質
責任が重い、ノルマや期限に追われるといった要求レベルが高いほどストレスも大きい。また、仕事の決定権がないこともストレスに。

資料:厚生労働省（平成14年労働者健康状況調査より）

仕事のストレス度は、「仕事の量」「仕事の質」「職場の人間関係」という3つの要因で決まると言われます。

なかでも大きな要素が、職場の人間関係です。

朝も夜もなく、最大限に注意を払ってクレーム対応をしているとき、職場に味方がいないと、孤立感が深まり、仕事を放棄したくなるでしょう。

つらい仕事であっても、上司の理解、同僚との信頼関係があると、ストレスは軽減されます。互いに話し、愚痴を言い合ったり、笑い合ったりすることが、たいせつなのです。

Part 5

犯罪スレスレの行為・要求から身を守る

～悪質クレームへの対応と法律知識～

悪質なクレーマーは、
さまざまな手を使って要求を通そうとするもの。
落ち着いて毅然と対応するためのコツは……。

悪質クレーマーはパニックが大好き

◆ 混乱させて言うとおりにさせたい

大声を出す

「バカヤロウ」「どうしてくれるんだ」と怒鳴ったり、机をたたいたりして、恫喝する。怒鳴られる側は、雷が落ちたように、恐怖でキュッと身が縮んで、頭が真っ白になってしまう。

弱点をつく

いそがしい時間帯をねらって、面会を要求したり、電話をかけたりする。店先や会社に大勢で押しかけて、うろうろしたり、出入り口でたむろして、いやがらせをする。

暗示をかける

「お前が悪い」「これが公になったら、営業できなくなる」など、何度も言い続けることで、そうかもしれないという気にさせる。堂々と力強く説得されると、そう暗示をかけられてしまうことも。

疲れさせる

長時間にわたって居座る、何日にもわたってクレーム電話をくり返すなど、精神的、肉体的に疲労をためさせる。言うとおりにすれば、苦しみから逃れられると思わせる。

悪質クレーマーの多くは、大声を出して怒鳴りつけたり、物をバンバンたたいたりして、威嚇をくり返します。対応者をおびえさせてパニックに陥らせ、自分のペースで事を進める典型的な手口です。思考停止の状態に陥った相手が冷静さを取り戻す前に、さっさと要求を通して逃げてしまうという点では詐欺同然です。

準備万端の態勢でかかってくる悪質クレーマーに対し、不意打ちを食らう対応者は、最初から不利な立場にあります。「早くこの場を切り抜けたい」と焦ってしまうのも無理はありません。けれど、これこそ悪質クレーマーの思うつぼというものです。

悪質なクレームは、最初の一撃をかわして相手のペースを崩すことが

◆ スタート地点で出遅れている

悪質なクレーマー

準備を整えて奇襲攻撃をしかける

悪質なクレーマーは、相手をねらい定めて、さまざまな状況を想定し、準備万端でクレームをつける。相手をパニックにさせるために、不意打ちをすることも多い。

クレーム対応者

突然クレームを受ける

用意周到に練られた不意打ちのクレームに、よどみなく対応するのは困難。冷静でいるだけで十分。その場で結論を出すことをさけ、長期戦に持ち込むことで、振り出しに戻すようにする。

できれば、撃退に結びつきやすくなります。怒鳴りつけられている間は、おなかにぐっと力を入れて受け止めると同時に、こっそり足の指を動かすなどして、緊張感を逃がすようにしてみましょう。そうすることで、より早く体勢を立て直すことができるはずです。

advice

有利に交渉するには相手の情報が必要

お客様がどんな人で、どんな目的でクレームをつけているかわかると、相手にあわせた対策を立て、余裕をもって対処できます。

メモや録音機はクレーム対応の必須アイテムですが、望遠鏡も役立つ道具です。お客様を訪問したときなど、遠くから様子をうかがうことができるからです。

ていねいな接客を続け悪質なクレームを見分ける

◆　注意が必要なキーフレーズ

- どうしてくれる？
- マスコミ、インターネットに流すぞ
- 今すぐ結論を出せ
- 誠意を見せろ
- 謝罪文を出せ
- 右翼に知人がいるんだ
- 今から新幹線で行く
- ○○をクビにしろ
- 責任者としての力量を見せろ
- 休業補償、交通費はどうしてくれる
- 精神的苦痛で仕事にならない
- 保健所に言うぞ
- 営業問題に発展するぞ
- 俺とお前の、心と心の問題だ

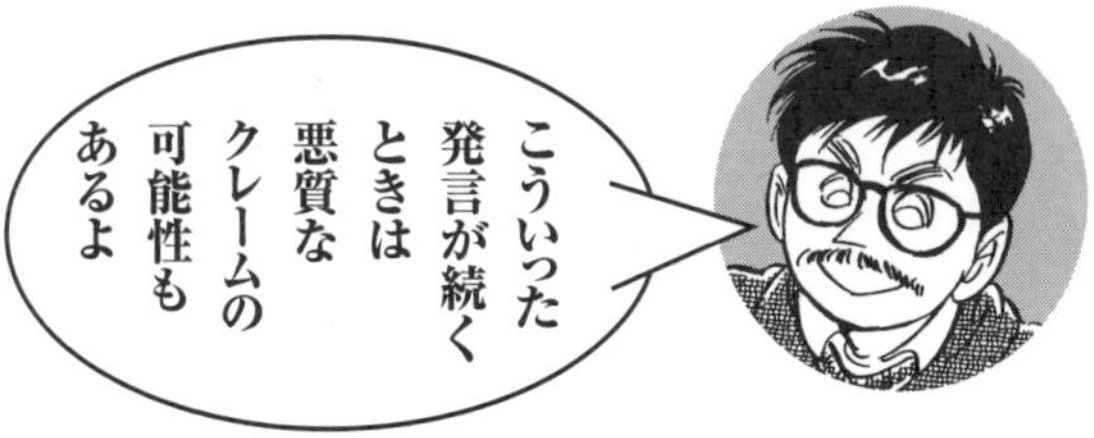
こういった発言が続くときは悪質なクレームの可能性もあるよ

会社や組織に寄せられる苦情のなかに悪質なクレームがあるのは事実ですが、大半は正当なクレームであるということも、心しておかなければなりません。言葉遣いや見た目の印象などで、「この人は、なにか企んでいるのではないか」などと思い、疑心暗鬼の状態で接していると、かえって解決困難なクレームをつくり出してしまうことになります。

　本当になにか企みがあるのなら、クレーム対応の基本どおり顧客満足を追求する対応をくり返すうちに、かならず「これはおかしい」と思えるような言葉や雰囲気が出てきます。いくつもおかしな点があれば、特殊なクレームである可能性が高いと判断できます。

　ただし、はずみで出てしまった言

◆ 3つ以上当てはまるならイエローカード

大声で暴言を言う
たいしたことはないのに、わざと大声を出したり、机をたたいたりして、威嚇する。

こちらの話を聞かない
一方的に自分の言い分をくり返し、こちらの説明には一切耳をかさない。侮辱することも。

言葉尻を捉える
こちらの話を、一部だけとりあげたり、言葉の揚げ足をとったりする。

身元を明らかにしない
名前や住所を聞いても答えない。携帯電話やメールだけのやりとりを強要することも。

上の者を出すように言う
「お前じゃ話にならない」などと言い、上の者にかわるように要求する。

即答を求める
「時間がない」などと言い、その場で誠意（暗に金銭を要求している）を示すように迫る。

病的な言動が見られる
急に怒ったり、機嫌がよくなったりして、感情の浮き沈みが激しい。思い込みが強く、対応がむずかしい。

葉を、早々に「悪質なクレームのサイン」と捉えてしまったがために、正当な要求をしていただけのお客様が態度を硬化させてしまったというケースもあります。特殊なクレームかどうかの見極めは、そう簡単にはつかないということも、覚えておきましょう。

対応をチェンジ

悪質なクレームと判断したらリスクマネジメント対応に

CS

顧客満足を求める対応 （Customer Satisfaction）

製品、サービスの質やあり方が、お客様の期待や要望にそうように考える。

メニューになくても
ご注文どおりつくります

クレームに対しては
お客様に満足してもらえる
解決を求めて努力する

反社会的なクレームだと
判断できたら
あわてて答えを出さずに
組織全体で対応して
じっくりと解決を
めざすのだ

問題が生じた場合、その時点で組織をあげて対処すれば、事を大きくせずにすみます。しかし、事なかれ主義が横行し、管理職やトップは現場の問題を見て見ぬふり。その結果、世間を騒がすような大事件に発展してしまう例があとをたちません。

不祥事にどう対応するか、リスク

RM

リスクマネジメント対応
（Risk Management）

組織がかかえるリスクを予測、防止し、いざリスクが生じたときには、その影響を最小限におさえる。

被害の拡大を食い止めるんだ

クレームに対しては
危機をふせぐことを最優先に対応。長期戦になってもかまわない

マネジメントがしっかりしているかどうかは、組織の存続を左右するほどの重大事です。悪質なクレームへの対応も、リスクマネジメントのひとつ。個人ではなく、組織全体で取り組んでいくべき問題です。

　クレームをありがたく受け止め、自身の問題を改善するきっかけにしていく姿勢が大事なのは言うまでもありません。しかし、悪質なクレームにまで、そうする必要はないのです。明らかに不当な要求で、犯罪に近いと確信できたときには、リスクマネジメント対応に切り替えていかなくてはなりません。

　焦って答えを出さず、「会社と相談して答えます」と長期戦に持ち込みます。関係機関と連携して組織全体で対応しましょう。

自分の行動を理論武装して堂々と向かい合う

◆ 悪質クレーマーと対峙するポイント

Point 1
交渉はかならず複数で行う
監視の目が増えて、相手も過激なことはしにくい。不測の事態が起きた場合は立証できる。交渉役、記録役など役割を分担しておこう。
Point 2
録音や記録を忘れない
相手とのやりとりはすべて記録に残す。録音機を使うときは、「申し訳ありませんが、言った言わないの問題になるといけませんので、録音させてください」と断わるようにする。

クレーム対応の基本どおり最初に謝罪すると、悪質クレーマーは「謝ったからには責任を認めたのだろ？　どう責任をとるつもりだ！」などと追及してきます。ここでたじろぐと、クレーマーは勢いづいてしまいます。激しい追及をかわすには、「不快な思いをさせたことへの謝罪であり、責任を認めたわけではない」などといったように、自分の行動について理論武装しておくことが必要です。

　悪質なクレームに対応するうえでは、上に示した5つのポイントを押さえておくことも重要です。これらのポイントについても、なぜ、そうしようとしているのか、きちんと理論武装しておき、自信をもって臨むようにします。

Point 3

個人的な連絡先は教えない

自宅の住所や私用の携帯電話の番号を知られると、昼夜を問わず対応に追われることがある。相手に連絡するときは、会社から電話を。

Point 4

安易に約束しない

「謝罪文を書けば許してやる」などと言われても、その場しのぎの約束をしてはいけない。「会社と相談します」と保留する。

Point 5

話し合いは対等な立場で行う

悪いことをしていると自覚のある悪質なクレーマーは、正体を隠したがる。しかし、たとえお客様でも、氏名も住所も連絡先もわからない相手とは交渉できない。「上に報告して会社として対応するために必要なので、教えてください」と要求する。

悪質クレームには

「怖い」ものは怖い。ギブアップ・トークで応える

なめたら
あかんど
このガキィ
この責任を
どうとるんや
すぐ結論を出せ

悪質なクレーマーに怒鳴られたら……

対策1

立ち向かう

威圧的に話す悪質なクレーマーに対して、できないことはできないと、勇気を出してはっきり伝える。

△ 怒鳴りつける強面を相手に、毅然と対応し続けるのはむずかしい。

対策2

受け入れる

大声で怒鳴るなど、悪質なクレーマーの攻撃にさらされると、早く解放されたいために相手の要求を受け入れてしまう。

× クレーマーを助長させてしまい、くり返し被害にあう可能性も。

クレーマーに
成功体験を
つませることで
悪質化させて
しまうことも…

対策3

お手上げする

「私ひとりだけでは判断できません」「怖くて頭が真っ白で、答えが見つかりません」など、ギブアップしてしまう。なにを言われてもお手上げ、という態度を示す。

おどし、すかし、なだめてもどうにもならなければ、クレーマーもあきらめるしかない。

そんな大声を出されると
怖くて言葉が出てきません
今回のような
むずかしいケースは
はじめてですし……
大変申し訳ございませんが
私一人では
判断できません

なにを言っても悪質クレーマーは聞く耳をもたず、大声をあげたりしながら、解決を迫ってくるかもしれません。無理な要求にまともに応え続けようとすると、追い詰められてしまいます。

この窮地を救ってくれるのが、「私にはお手上げです」と宣言してしまう、「ギブアップ・トーク」のテクニックです。たとえ自分が組織のトップでも、「私一人の会社（店）ではないので」といえばOKです。

ただし、投げやりな態度では火に油を注ぐだけ。相手を「これは話にならない」と退散させるには「精一杯の誠意をわかっていただけないのなら、どうしてよいかわかりません」と、〝哀れな子羊〟になりきるのがポイントです。

「5秒の沈黙」には「10秒の沈黙」を返す

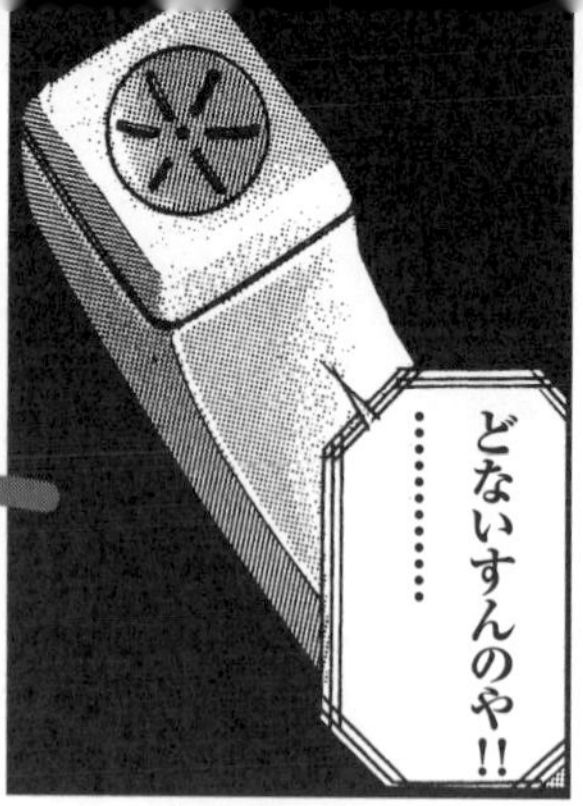

怒鳴った後の沈黙が恐怖をあおる

応対者
「…………」 ― 相手の沈黙より長く黙り返す

悪質クレーマー
「ちゃんと聞いてるのか!」

応対者
「はい、聞いております」

悪質クレーマー
「黙ってないでさっさと返事しろ!!」

応対者
「…………」 ― 怒鳴られたことには返事をせずに、黙っている

自分の思惑どおりに事が運ばないからといって、悪質クレーマーは簡単には引き下がりません。きっぱり断わっても、無理な要求を続けたり、恫喝をくり返したりします。

「どうするつもりだ!」などと恫喝したら、その後、5秒間ほど、じっと黙り込んで答えを待つのが、彼らの手口です。対応者が沈黙の恐怖に耐え切れず、自分から「では〜させてください」などと言い出すのを待っているのです。

このような手口にのらないためには、相手が5秒黙ったら、こちらはそのうえをいく10秒間、じっと黙り込んでしまえばよいのです。沈黙は自分からしかければ怖くありません。相手はペースを乱され、状況も変化していくはずです。

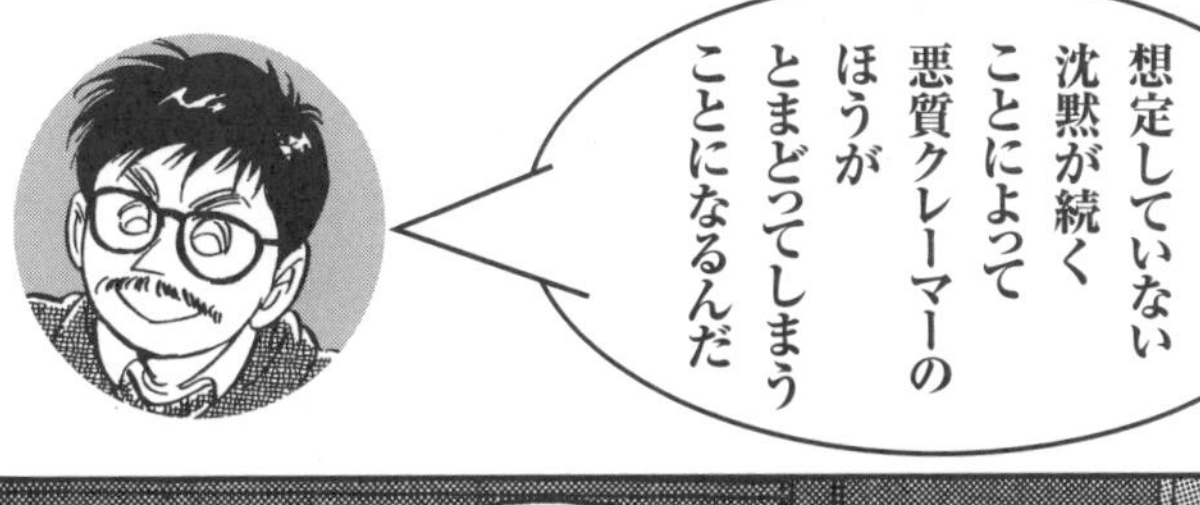
想定していない
沈黙が続く
ことによって
悪質クレーマーの
ほうが
とまどってしまう
ことになるんだ

それから
申し訳ありませんが
こういう話し合いで
行き違いがあっては
いけませんので
この電話は録音させて
いただきます
ご了承ください……
どうぞお話しください

悪質なクレーム電話は録音しておく

悪質なクレームであれば、電話で話し合うときにも、録音して記録を残す。録音することを伝えることで、こちらの姿勢を示すことができる。相手にプレッシャーをかけることにもなる。

advice

怒鳴り声が怖ければ受話器を置いて

クレームに対して真剣に対応することは前提ですが、悪質なクレーマーを相手に、真っ向から話を聴き続けるのはしんどいものです。

電話で怒鳴り続けられるときは、受話器を机に置くなどして耳から離すようにします。怒鳴り声がやんだら耳に当てるなど、力を抜いた対応に切り替えましょう。

悪質クレームには

同意も反論もしない。のらりくらりと返答する

◆「察しがいい」のも善し悪し

悪質クレーマー
「もっと賢い方法があるだろう」

相手の心を読んで金銭で解決しようとしたBさん

「今日はこれで勘弁してください」

具体的な要求はないのに、勝手に先まわりしてしまい、かえって相手のねらいどおりに誘導されてしまう。

具体的な要求を確かめたAさん

「どういった方法でしょうか」

具体的に要求したら恐喝になってしまう。愚直な対応に対して、悪質クレーマーは退散するしかない。

悪質クレーマーはおどし文句をちらつかせたりしながら、対応者を焦らせ、解決を急がせようとすることがあります。

悪質なクレームと判断した場合は、相手の土俵にのらず、自分のペースを守ることが大事です。「もっと頭を使え」などという挑発にはのらず、のらりくらりとかわしましょう。

「〇〇なさるおつもりですか……。それは困りました」などと答えたり、「私どものせいだから誠意を見せろ、とおっしゃるのですね」などと同意も反論もしないで相手の言葉をくり返すのも一法です。

ただし、悪質と判断できないクレームにはしないこと。「対応が悪い」と感じさせ、二次クレームに発展しかねません。

◆ 進捗しない会話に相手がイライラ

悪質クレーマー

「インターネットに流すぞ」

応対者

「インターネットに流す……。それは困りますね…」

同意も反論もしないで、相手の言葉をくり返す

悪質クレーマー

「誠意を見せてくれればいいんだ」

応対者

「はい、このたびはご不快な思いをさせてしまい、誠に申し訳ありませんでした」

謝罪をして、苦情に見合った適切な対応以上のことはしない

悪質クレーマー

「口先だけで謝るのか！ もっと別の詫び方があるだろう」

応対者

「とんでもないことです。心からお詫び申し上げます。別のお詫びというのはどういったことでしょうか」

相手の要求を具体的に聞いてみる

悪質クレーマー

「バカヤロー！
お前もわからない奴だな」

応対者

「はい、頭がまわらないもので……。申し訳ありません」

相手が怒鳴ったり、挑発してきても、マイペースで答える

悪質クレーマー

「マスコミに知らせてもいいのか」

応対者

「マスコミにですか。私のような者が、お客様のお考えにとやかくは言えませんが……」

悪質クレームには

みんなで積極的に放置しておく

本社にまでクレームがきたうえに
保健所や消費者センターからも
連絡が入ったぞ
いったいどんな対応をしたんだ!

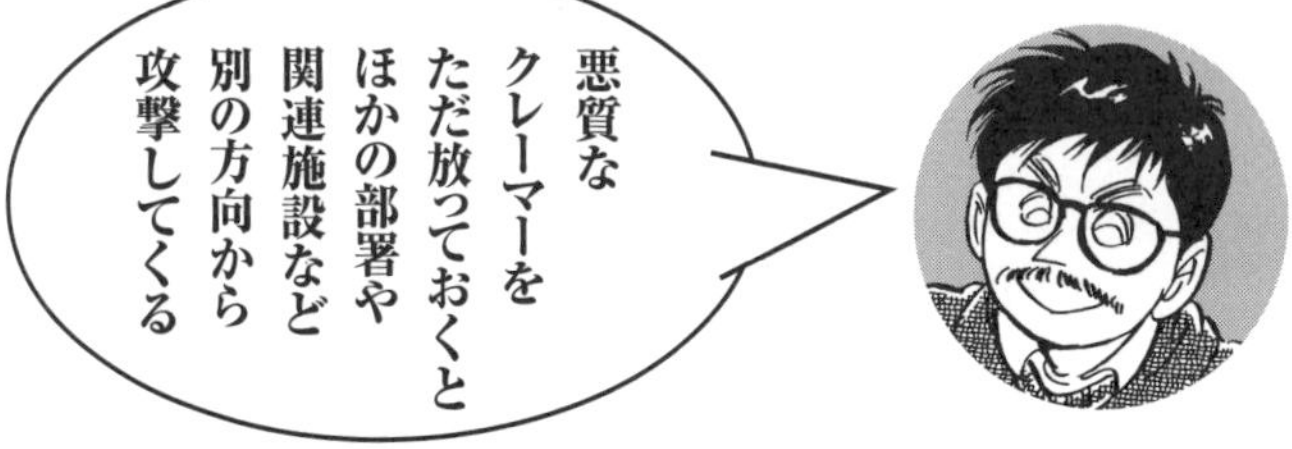
悪質なクレーマーをただ放っておくとほかの部署や関連施設など別の方向から攻撃してくる

ひととおり対応を続けても、いっこうにあきらめてくれない悪質クレーマーは、もう放っておくしかありません。

とはいえ、ただ放置しておくだけでは攻撃の矛先が関係各所に向かい、かえって騒ぎを大きくしてしまうおそれがあります。これをさけるために、先手を打って関係各所に事情を話し、「『窓口は○○』ということでよろしくお願いします」と根回ししておきます。こうすることで、いわば積極的に放置しておくのです。

どこを攻めても「窓口は○○です」と言われるだけで相手にされないクレーマーは、次第に打つ手がなくなっていきます。

さしもの悪質クレーマーもあきらめるしかなくなります。

◆ 連携してクレーマーを囲い込む

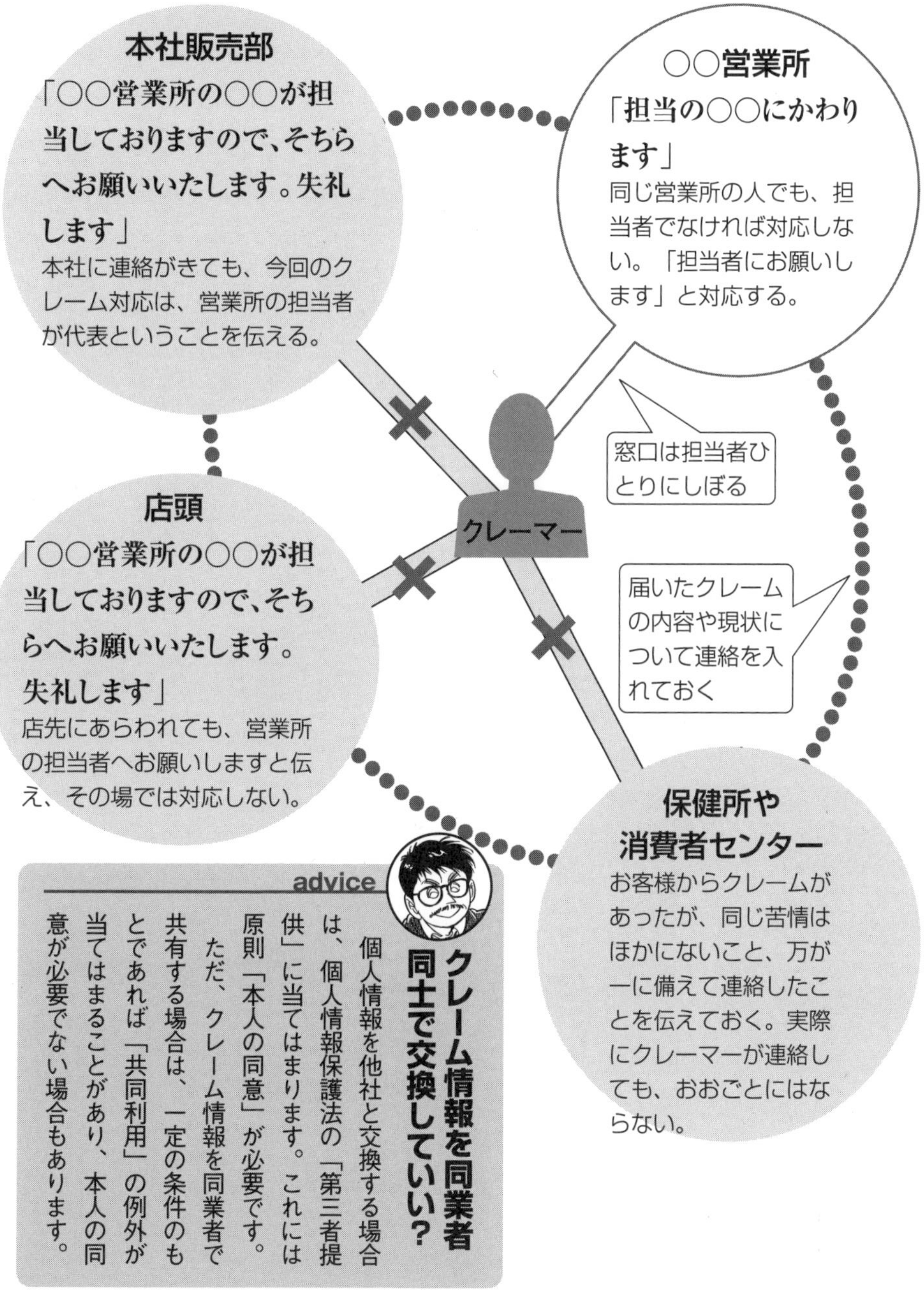
本社販売部
「○○営業所の○○が担当しておりますので、そちらへお願いいたします。失礼します」
本社に連絡がきても、今回のクレーム対応は、営業所の担当者が代表ということを伝える。
○○営業所
「担当の○○にかわります」
同じ営業所の人でも、担当者でなければ対応しない。「担当者にお願いします」と対応する。
窓口は担当者ひとりにしぼる
クレーマー
店頭
「○○営業所の○○が担当しておりますので、そちらへお願いいたします。失礼します」
店先にあらわれても、営業所の担当者へお願いしますと伝え、その場では対応しない。
届いたクレームの内容や現状について連絡を入れておく
保健所や消費者センター
お客様からクレームがあったが、同じ苦情はほかにないこと、万が一に備えて連絡したことを伝えておく。実際にクレーマーが連絡しても、おおごとにはならない。

advice

クレーム情報を同業者同士で交換していい？

個人情報を他社と交換する場合は、個人情報保護法の「第三者提供」に当てはまります。これには原則「本人の同意」が必要です。

ただ、クレーム情報を同業者で共有する場合は、一定の条件のもとであれば「共同利用」の例外が当てはまることがあり、本人の同意が必要でない場合もあります。

悪質クレームには

犯罪行為になる境界線を知り証拠をそろえて警察に相談する

◆ 犯罪行為になる境界線を知る

Cace 1

机をたたきながら怒鳴られた

➡即、犯罪行為とは言いがたい

身体的にも精神的にも被害がないため、犯罪ではない。長時間にわたって、店頭などで怒鳴られて営業妨害になったと判断できる場合は、不法行為と言える可能性も。

Cace 2

訪問したら夜中の2時まで6時間も引き止められた

➡すべてのケースが犯罪行為とは言えない

こちらから「帰してほしい」と言ったのにもかかわらず、羽交い締めにされるなどで強引に引き止められたとしたら、不法行為に当てはまる。

Cace 3

録音しようとしたら、レコーダーを投げられ、壊された

➡器物破損になる

こちらの持ち物を不当に壊したり、強引に奪ったりした場合は、不法行為に当てはまる。他人の財産を侵害したことになるため。

Cace 4

胸ぐらをつかまれた

➡暴力行為にあたる

故意に胸ぐらをつかまれたり、こづかれたり、つきとばされたりした場合、不法行為とみなされる。

Cace 5

しつように電話をかけ店頭で大声を出す

➡営業妨害になることも

長時間にわたって電話回線が使えなくなったり、スタッフが対応に追われてしまう。店先で騒がれると、ほかのお客様にも迷惑がかかる。悪質性が高い場合、営業妨害になる(P.148も参照)。

不法行為の例

けがをさせる

故意に体に乱暴をはたらいたり、不注意で傷つけたりした場合、傷害や暴行にあたる(正当防衛や緊急避難などは除く)。

財産を侵害する

故意、または不注意によって、他人のものを壊したり、財産を勝手に処分したり、恐喝、強奪したりすること。

精神的に苦痛を与える

故意、または不注意で、他人の名誉を傷つけたり、脅迫して不安を与えたり、信用をおとしめたりする。

ふざけんな このクソガキ
ギュー
事件になるまえにふせぎたい。

クレーマーの要求をクリアにしていくなかで、相手の言動が暴行罪や脅迫罪にあたると感じられるような場合には、警察に相談しましょう。やりとりを記録したメモや録音テープがあれば、より的確なアドバイスを受けられます。

警察に相談しているとわかっただけで、手を引くクレーマーも少なくありませんが、そうはいかないこともあります。

犯罪性が確実になったら、「こういう被害にあいました」という被害届けを出し、警察の捜査を待つことになります。

しかし、できれば被害にあうなどの事態はさけたいもの。警察にあらかじめ相談して、連携を深めておくことがたいせつです。

◆ 相手が悪質である証拠を残す

●帰ってくれない、帰してもらえない場合

「今日の話は会社に持ち帰って、後日あらためてご返事します」

帰りたいというこちらの意思を、はっきりと相手に示すことが大事。この場ですぐに結論を出すことができないことも、きちんと伝える。

●たびたび恐喝電話がかかってくる場合

「こう何度も電話をされては、業務の支障になります」

くり返しかかってくる電話に迷惑していることを相手に伝える。録音やメモを残して、やめてほしいことを何度も伝えたという証拠をとる。

●器物破損・暴行などを受けた場合

「以後、同じようなトラブルを起こすことがあれば、今回の記録とあわせて警察に届けます」

警察に相談できるよう、相手の行状はすべて記録しておく。犯罪性が確実になったときは、最後通牒を出し、被害届けを提出する。

どんなケースも段階を踏んで断わる

「これ以上の対応はできません」

↓

「業務の支障になります」

↓

「業務妨害ですので、警察に通報します」

↓

「警察に通報しました」

↓

「警察の指示で、会話を録音します」

ささいなクレームに対して、いきなり「警察を呼びます」などと言うのは、火に油を注ぐようなもの。きちんと段階を踏んで対応し、記録を残すようにする。

◆ 危険なことから身を守るために

136ページで
あげた
5つのポイントを
実行することも
忘れないで

暴力団関係者を名乗るなら対応はひとつ

暴力団員が組織名を出しておどした場合は、警察に連絡すれば警告してもらえる。
暴力団員かもしれない場合は、警察や暴力追放運動推進センター（各都道府県にあり、民事介入暴力対策や、暴力団排除活動をしている。トラブルの無料相談などをしてくれる）などに相談するといい。

危険を感じたら逃げる

おどしに屈しない勇気をもつことはたいせつだが、身の危険を感じたときは、逃げることが良策。話の通じない相手もいる。

周囲に自分の行動予定を伝えておく

なにか起きたときに、上司や仲間がわかるよう、クレーム対応の相手や行き先、帰宅時間などを、周囲に知らせておく。

金銭目的のクレームで、暴力団員が実際に暴力をふるうことは、まずない。

調子こいてんじゃ
ねえぞ
コノヤロー!!

悪質クレームには

内容証明郵便で本気度を示す

◆ こんなときは出さない

和解したいと思っている

（けんかしたくない）

悪意のあるクレーマーではなく、お客様として引き続きおつきあいしたい場合は、話し合いなどで円満な解決方法をさぐる。

相手がきちんと話し合おうとしている

電話やメールなどで連絡をとることができ、相手が話し合いに応じようとしている。あきらめずに解決策をさぐる。

こちらに弱みや落ち度がある

内容証明郵便を出して、相手も応戦してくれれば、法的なやりとりがはじまる。そうなったときに自分たちに不利にならないか検討しておく。

内容証明郵便とは、いつ、だれが、だれにあてて、どんな内容の文書を出したか郵便局が証明するものです。さらに配達証明付きで出せば、相手が文書を受け取ったことも証明できるため、言った言わないの泥仕合になるのを防ぐことができます。

裁判になった場合も、法的な証拠としての効力を発揮します。

悪質なクレーマーが文書による謝罪や回答を求めてきた場合には、この内容証明郵便を利用することで、こちらの本気度を示すことができます。そのためにも、相手の住所、氏名、自宅の電話番号を聞き出しておくことが必要です。

内容証明郵便自体になんらかの法的な効力があるわけではありませんが、犯罪性の高い悪質クレーマーに

◆ 作成方法や差出方法のルール

内容証明郵便は、同時複写で３通作成する。送り先の住所を記入した封筒とともに、封をしないで郵便局本局に提出する。郵送分のほかは、郵便局保管分と差出人の控え。

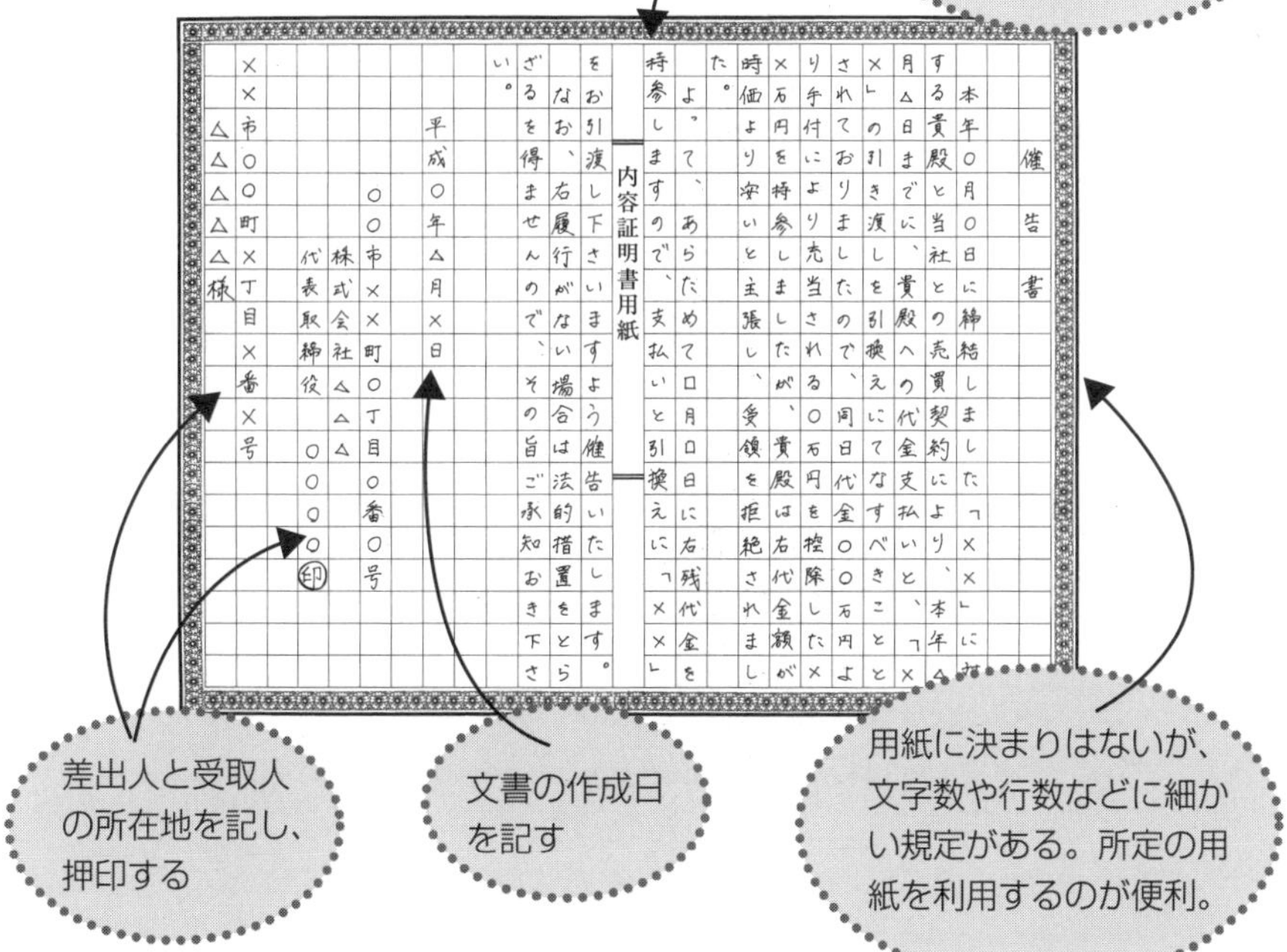

文面は法務部や弁護士と相談して慎重に作成する
催告書
本年○月○日に締結しました「××」に
する貴殿と当社との売買契約により、本年△
月△日までに、貴殿への代金支払いと、「××
×」の引き渡しを引換えにてなすべきことと
されておりましたので、同日代金○○万円よ
り手付により充当される○万円を控除した×
×万円を持参しましたが、貴殿は右代金額が
時価より安いと主張し、受領を拒絶されまし
た。
よって、あらためて□月□日に右残代金を
持参しますので、支払いと引換えに「××」
内容証明書用紙
をお引渡し下さいますよう催告いたします。
なお、右履行がない場合は法的措置をとら
ざるを得ませんので、その旨ご承知おき下さ
い。
平成○年△月×日
○○市××町○丁目○番○号
株式会社△△△
代表取締役　○○○○㊞
××市○○町×丁目×番×号
△△△△△様
差出人と受取人の所在地を記し、押印する
文書の作成日を記す
用紙に決まりはないが、文字数や行数などに細かい規定がある。所定の用紙を利用するのが便利。

対しては、法的なプロセスに入ったと感じさせるだけで意味があります。心理的なプレッシャーを感じ、手を引くクレーマーも多いからです。

ただし、むやみに乱発するのも考えものです。しかるべき相手に対してのみ、法務部や弁護士と相談し、内容を吟味したうえで出すようにしてください。

advice

インターネットから内容証明を出せる

郵便局へ行かなくても、インターネットを通じて24時間出すことができるのが電子内容証明。

文書を日本郵便の電子内容証明システムに送信すると、自動で文書3通が作成され、印刷、封がされ、受取人と差出人に1通ずつ配達されるしくみだ。

弁護士は内には安心を、外には圧力を与える

◆ 告訴や裁判に向かわせない

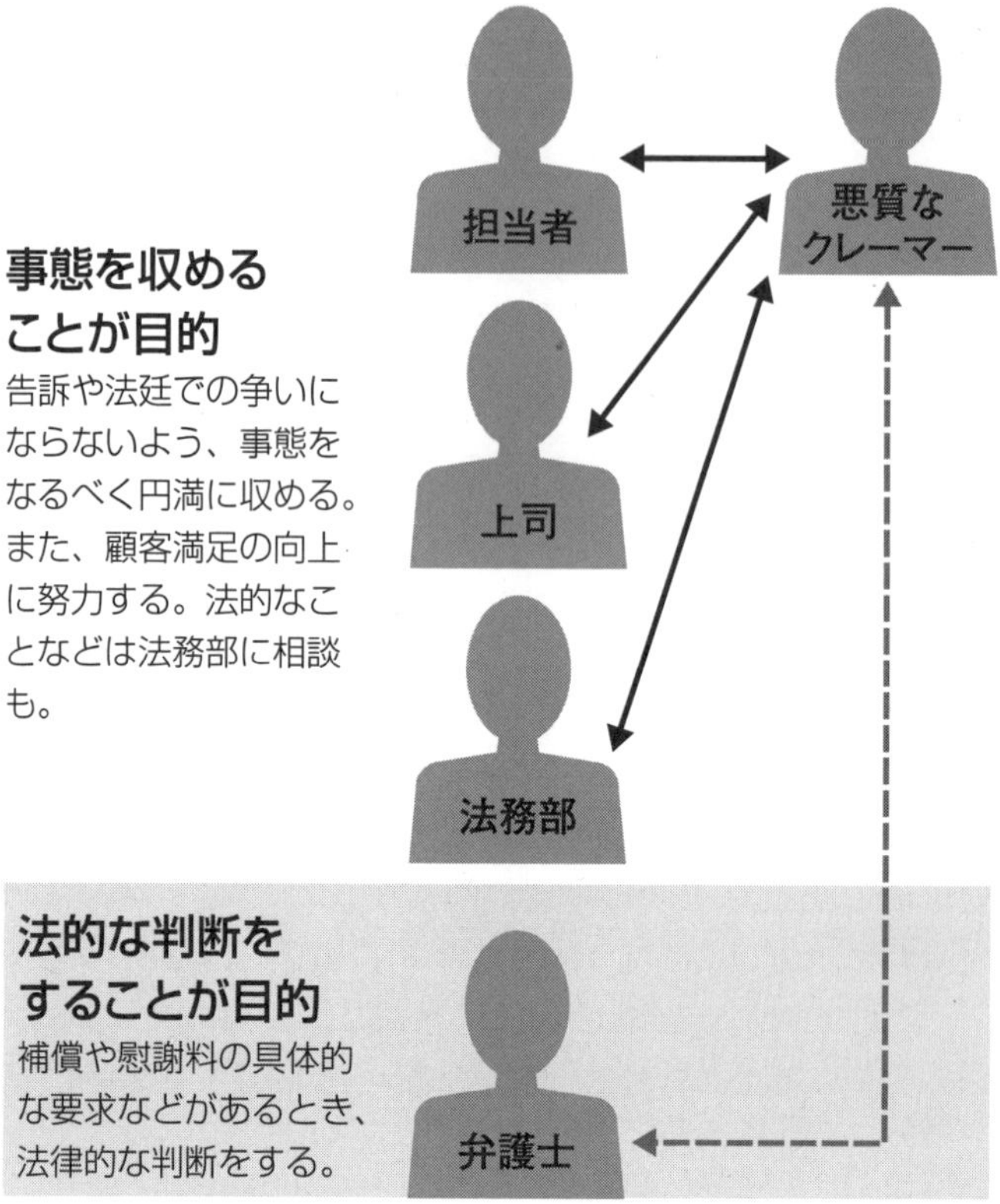
担当者
悪質なクレーマー
上司
法務部
弁護士
事態を収めることが目的
告訴や法廷での争いにならないよう、事態をなるべく円満に収める。また、顧客満足の向上に努力する。法的なことなどは法務部に相談も。
法的な判断をすることが目的
補償や慰謝料の具体的な要求などがあるとき、法律的な判断をする。

クレーム対応で弁護士が介在するのは、裁判沙汰になるか、その一歩手前までいってしまったようなケースにかぎられています。なんでもかんでも弁護士に相談していたら、弁護士はほかの仕事ができなくなってしまいますし、コストもバカ高くついてしまいます。

ただ、組織としては、いざというときすぐに相談できる弁護士を確保しておくことがたいせつです。それができていれば、実際に相談まではしなくても、安心して対応に当たれます。クレーマーには、「弁護士に相談しています」と告げることで、法的な手段も辞さないという姿勢を示すことができます。法律家が介在しているとわかれば、相手も無理な要求はしにくくなるはずです。

下のコマにある間違いを探してみよう

下のひとコマに、クレーム対応としてはあまりよくない点がある。答えはP.158へ。

advice

不当な損害には賠償責任が生じる

損害賠償は、不法行為（147ページ）を受けた被害者が加害者に対して請求できるものです。たとえば、お客様の財産を侵害してしまったり、けがをさせたり、精神的に苦しめてしまった場合、損害賠償をすることになります。

原則として、損害賠償は金銭で行われます。賠償金額は、被害によって異なります。けがをさせてしまったときは、治療費や入院費のほか、休職した場合は、得られたはずの給料についても賠償しなくてはなりません。

また、名誉を傷つけられた場合などは、謝罪広告や取り消し記事を新聞にのせることで、賠償することもあります。

消費者保護などに関する知識がクレーム対応の判断に役立つ

◆　企業は消費者より立場が強い

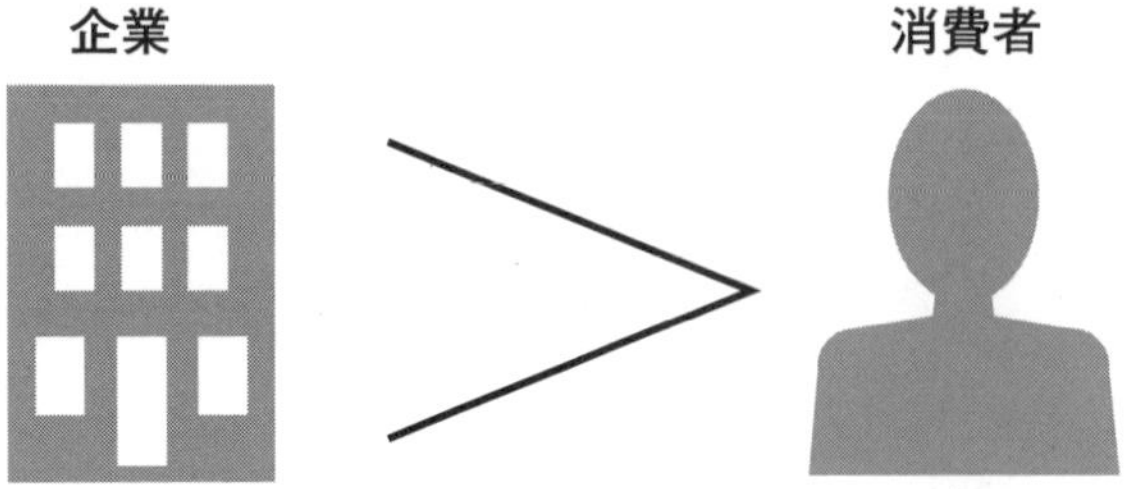
企業
消費者

消費者と企業の力関係をくらべると、消費者は情報の量や質、交渉力、資金など、話し合いをするには、いろいろな面で弱い立場にある。

消費者と企業を対等にするための法律がある

売買のルール

物の売り買いは、売り手と買い手の契約で行われている。売買で生まれる権利と義務を知っておく。

売買契約が成立

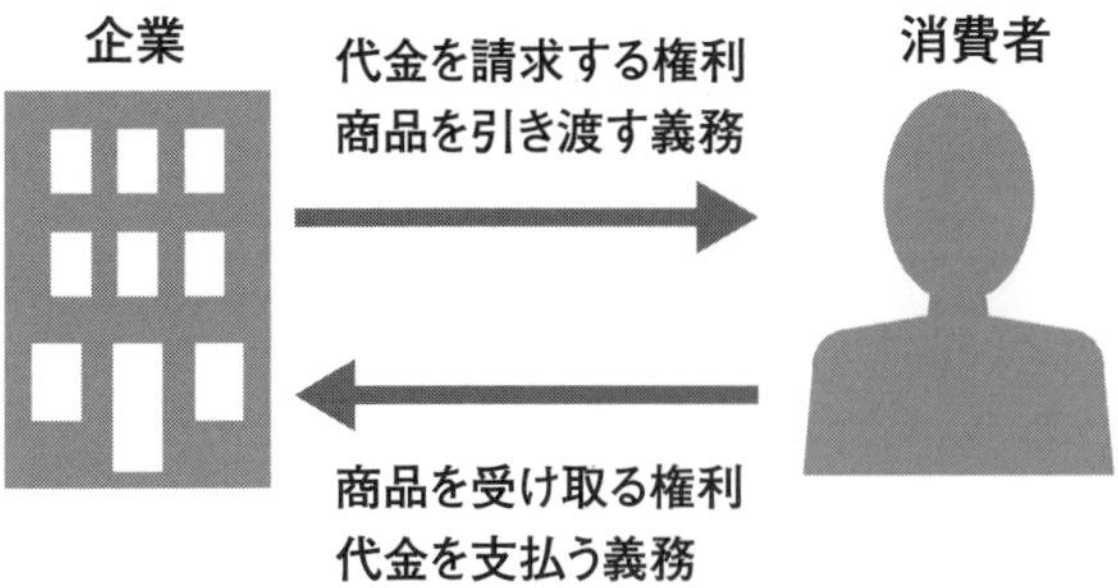
企業
代金を請求する権利
商品を引き渡す義務
消費者
商品を受け取る権利
代金を支払う義務

売買をすると、企業と消費者には上のような権利と義務が生まれる。これがきちんと守られるために、さまざまな法がある。

クレーム対応は
法令にのっとって
行うものだ
民法や消費者保護の
知識は不可欠だよ

消費者の利益を守り、消費生活の安全、向上を定める

消費者基本法

右にあげたような消費者の権利を守るために総合的な施策が定められている。消費者と企業が対等な立場になり、消費生活がよりよいものになることを目的としている。

安全が確保される
適切な選択を行える
被害の救済が受けられる
必要な情報を知ることができる
意見が反映される
消費者の権利
消費者教育を受けられる

資料:「ハンドブック消費者2007」(内閣府)

情報、交渉力の格差を補い、契約トラブルを解決する

消費者契約法

消費者と企業(事業者)が契約を結ぶときに、事業者に不適切な行為があった場合は、契約を取り消すことができると定めた法律。消費者に対して誠実に接している企業は心配いらない。

契約を取り消しできるケース

企業側がうそを言っていた、不確実なことを確実に儲かると言った、都合の悪いことをわざと隠した、法外なキャンセル料や遅延損害金があるなど、消費者の利益を一方的に害する場合。

えっ!!
ぜったいに儲かると
言ったじゃないか

製品の欠陥による被害が生じたら、製造元が責任を負う

製造物責任法(PL法)

製品の安全性が欠けていたために被害が起こった場合に適用される法律。欠陥のある製品によって、けがをしたり、財産の損害を受けた消費者が、十分な損害賠償を受けられることを目的としている。

国外で製造されたものは?

国外で製造されたものは、輸入業者が請求を受ける。実際に製造・輸入をしていなくても、「製造元~」「輸入元~」と表示していれば請求される。

対象になるもの

製造および加工された動産。車、テレビ、衣服、缶コーヒーなどさまざま。

対象にならないもの

不動産、製造および加工されていない農林水産物。販売やサービス。

訪問販売など、トラブルが起きやすい取引のための

特定商取引に関する法律

消費者トラブルになりやすい特定の取引に対して、トラブルをふせぐためのルールや勧誘行為について取り決めている。インターネットを利用した通信販売に対しても、一定の規制を設けている。

クーリングオフ制度

特定の取引において、申し込み後、または契約後の一定期間内であれば、消費者が予告なしで無条件に契約を解除することができる。

対象になる6タイプの販売方法

訪問販売

自宅へ訪問する、路上で呼び止める、販売目的と言わずに電話で呼び出すなどして販売する。

通信販売

新聞や雑誌、インターネットなどに広告を出し、郵便やファクシミリなどで申し込みを受ける販売。

電話勧誘販売

電話をかけて勧誘し、商品購入の申し込みを受ける販売。

連鎖販売取引

販売員になるよう勧誘し、その販売員に次の販売員を勧誘させる形で販売組織を広める販売。

特定継続的役務提供

エステ、学習塾、語学教室、結婚相手紹介サービスなど、長期的、継続的で高額になる取引。

業務提携誘引販売取引

仕事を提供するにあたって、その仕事に必要であるとして商品などを購入させる取引。

個人情報の適正な取り扱いのルールを定めている

個人情報保護法

消費者と事業者、お互いの権利と利益を考慮して「保護と利用」のバランスをとることを目的としている。
個人情報を利用禁止するものでも、利用促進するものでもない。

個人情報の保護に関する法律は、ほかにもいろいろ定められている。

このシステムなら
セキュリティは
万全です
情報システムの
監視もよろしく
お願いします

こうした法律を
知っておくことで
法的、社会的な
責任を判断する
基準がわかるのだ

そのほかの主な法律

公益通報者保護法…不正な利益を得るためではなく、公益を守るために通報した労働者を守る法律。これにより、内部告発が増えたと言える。

消防法…日ごろの火災予防や消防設備などについて定めた法律。避難経路の確保や避難具の用意などについて決められている。

知的財産権…特許権や商標権、実用新案など、知的創造で生み出された創造者の財産。さまざまな法律で保護されている。

参考文献

『クレーム処理のプロが教える 断る技術』援川聡（幻冬舎）

『プロがこっそり教える完全「クレーム対応」の技術』山崎一（すばる舎リンゲージ）

『クレーム対応の基本が面白いほど身につく本』舟橋孝之（中経出版）

『クレーム対応の極意』江澤博己（大和出版）

『個人情報保護法 ここがポイント！ あなたの仕事の流れで理解する』小川登美夫編・著（日本経済新聞社）

『困ったクレーマーを5分で黙らせる技術』援川聡（幻冬舎）

『図解 暮らしに役立つ民法』付岡透監修（ナツメ社）

『図解雑学 法律』吉田稔（ナツメ社）

『となりのクレーマー 「苦情を言う人」との交渉術』関根眞一（中央公論新社）

『治し方がよくわかる 心のストレス病』竹之内敏（幻冬舎）

『配属されたらはじめに読む本 クレーム担当部署』アクトクレーム問題研究グループ（中経出版）

「週刊ダイヤモンド」2008・1・26（ダイヤモンド社）

株式会社エンゴシステムホームページ

内閣府ホームページ

P.153の答え
・人数の差がありすぎる（5対2）
・凶器になりそうな灰皿がある
・飲物を出している

クレーム対応は、相手と同人数か、ひとり多いくらいにする。こちらが大勢だと威圧になってしまう。また、悪質なクレームに対するときは、飲物を出す必要はない。ゆっくり長居してもらっては困るのだ。

弘兼憲史（ひろかね　けんし）

1947年山口県生まれ。早稲田大学法学部卒。松下電器産業販売助成部に勤務。退社後、1976年漫画家デビュー。以後、人間や社会を鋭く描く作品で、多くのファンを魅了し続けている。小学館漫画賞、講談社漫画賞の両賞を受賞。家庭では2児の父、奥様は同業の柴門ふみさん。代表作に、『課長 島耕作』『部長 島耕作』『加治隆介の議』『ラストニュース』『黄昏流星群』ほか多数。『知識ゼロからのワイン入門』『知識ゼロからのカクテル＆バー入門』『知識ゼロからの簿記・経理入門』『知識ゼロからの企画書の書き方』『知識ゼロからの敬語マスター帳』『知識ゼロからのM＆A入門』『知識ゼロからのシャンパン入門』（以上、幻冬舎）などの著書もある。

援川　聡（えんかわ　さとる）

1956年広島県生まれ。大阪府警退職後、大手流通会社で渉外担当を務める。現在、㈱エンゴシステム代表取締役。クレーム処理で培った独自のノウハウを基に、悪質クレーム対応サイト「クレームマネージャー」を会員に配信している。また、実体験に基づいた講演は各地で反響を巻き起こしている。著書に『クレーム処理のプロが教える　断る技術』『困ったクレーマーを5分で黙らせる技術』（小社刊）がある。　http://www.engosystem.co.jp/

装丁　カメガイ デザイン オフィス

装画　弘兼憲史

本文漫画　『ヤング 島耕作』『主任 島耕作』『課長 島耕作』『部長 島耕作』『取締役 島耕作』
『常務 島耕作』『専務 島耕作』『島耕作の優雅な一日』『加治隆介の議』（講談社）より

本文イラスト　さいとうあずみ

本文デザイン　バラスタジオ（高橋秀明）

校正　滄流社

編集協力　柳井亜紀　オフィス201（高野恵子）

編集　福島広司　鈴木恵美（幻冬舎）

知識ゼロからのクレーム処理入門

2008年6月25日　第1刷発行

2014年3月5日　第5刷発行

著　者　弘兼憲史　援川 聡

発行人　見城　徹

編集人　福島広司

発行所　株式会社 幻冬舎

〒151-0051　東京都渋谷区千駄ヶ谷4-9-7

電話　03-5411-6211（編集）　03-5411-6222（営業）

振替　00120-8-767643

印刷・製本所　株式会社 光邦

検印廃止

ISBN978-4-344-90123-0 C2095
Printed in Japan
幻冬舎ホームページアドレス　http://www.gentosha.co.jp/
この本に関するご意見・ご感想をメールでお寄せいただく場合は、comment@gentosha.co.jpまで。